城乡贫困与减贫专题研究

CHENGXIANG PINKUN YU JIANPIN ZHUANTI YANJIU

郭君平　曲颂　著

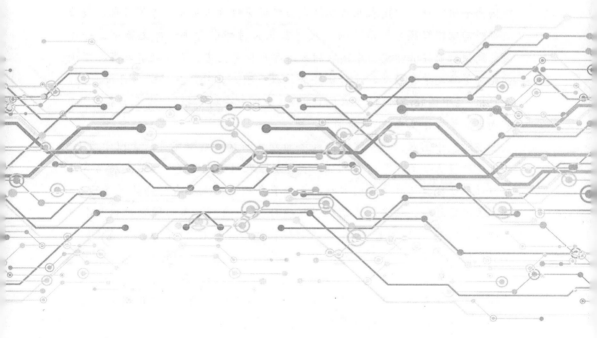

中国农业出版社
北　京

作 者 简 介

郭君平 中国农业科学院"院级青年英才",农业经济与发展研究所副研究员、硕士研究生导师,主要研究区域发展与减贫、农村土地制度等。迄今主持国家社科基金一般项目、国家社科基金青年项目、北京市社科基金一般项目、中国博士后基金项目(一等资助)、农业农村部软科学项目、北京社科联青年人才资助项目、国家文物局一般项目、财政部中国亚太经合组织合作基金项目等20余项,参与国家社科基金重大项目、国家自然科学基金面上项目、教育部重点项目、世界银行项目、亚洲开发银行项目等20余项,在《中国农村经济》、《中国农村观察》、《农业经济问题》、《农业技术经济》、《中国人口资源与环境》、*World Development Perspectives*、*China Agricultural Economic Review* 等专业核心期刊发表论文40余篇,在经济科学出版社、中国商务出版社、中国农业科学技术出版社等机构出版学术专著6部,获得省部级与副国级领导批示7项,获得农业农村部中青年干部交流征文一等奖、周诚农业经济学奖、中国农村经济年度优秀论文、农业经济问题年度十佳论文等各类荣誉8项,注册软件著作权5项。此外,在《光明日报》《经济日报》《中国经济时报》《农民日报》《中国社会科学报》《湖北日报》《南方周末》等媒体发表近30篇时评。

曲颂 中国农业科学院农业经济与发展研究所副研究员,管理学博士,入选"所级青年英才"培育工程,长期从事农村土地制度、区域发展与减贫等方面的研究。迄今主持国家社科基金青年项目、农业农村部软科学项目、国家民委民族研究项目、北京社科联项目等10余项,参与国家社科基金重大项目、"948计划项目"、中国工程院高端智库项目等20余项;在 *China Agricultural Economic Review*、*World Development Perspectives*、《中国农村经济》、《农业经济问题》、《农民日报》等期刊和报纸发表论文20余篇;出版学术专著5部;开发软件著作权3项。主笔撰写的决策咨询报告6次获省部级领导批示;获中国社会科学院优秀对策信息奖三等奖。

消除贫困、改善民生是我国实现共同富裕、全面建设社会主义现代化国家的关键所在，也是人类共同努力的方向。自2011年制定新世纪第二个十年农村扶贫开发纲要（扶贫标准提高到2 300元）以来，党中央、国务院把实现人民对美好生活的向往作为奋斗目标，紧扣全面建成小康社会各项要求，攻坚克难、砥砺前行，取得了如期全面建成小康社会、历史性实现消除绝对贫困的伟大胜利。但是，消除绝对贫困并不意味着减贫事业"终结"了。因为目前仅有针对农村地区碎片式的反贫困政策体系，尚无专门针对城镇地区的反贫困政策，统筹城乡贫困治理必将成为未来一段时间构建减贫政策体系的方向。随着小康社会任务的全面完成，我国进入城乡贫困并重的阶段，贫困治理迎来历史阶段性转轨，由绝对贫困治理逐步转向相对贫困治理。因此，在新的历史阶段，加强城乡贫困治理是推动我国经济实现高质量发展的路径选择，是全民共享发展成果的内在要求。应以防贫为本，建立解决相对贫困的长效机制和城乡贫困治理一体化政策体系，为全面建设社会主义现代化国家贡献力量。

从2011年我国重新调整农村贫困线至乡村振兴开局期间，笔者常年走村串户采访、笔耕不辍，从不同视角探析了扶贫领域的一系列研究主题。本书精心选录了有关城镇贫困、贫困县戴帽、交通减贫、扶贫项目、贫困家庭教育问题、贫困与政治参与的关系，以及宗教信仰（参与）与贫困的关系等7个重点专题的研究成果，共分8个章节。书中所用方法以计量实证分析为主，总体具有较高的学术理论价值和实践参考价值。

第一、第二章的研究主题是城镇贫困。其中，第一章基于广义与狭义视角，系统测度和分析中国城镇住户贫困的规模、程度、敏感性及空间分异规律；第二章基于"收入-消费-多维"视角，测度、对比了城镇二元结构下进城务工农民家庭与城镇居民家庭的贫困差距状况。

第三章的研究主题是贫困县戴帽。利用2010年全国2 073个区县数据，分析了国家级贫困县"帽子"或身份的路径依赖现象。研究发现，影响最新扶贫重点县、集中连片特困县和双重贫困县择定的因素有所差异，但其共同因素包括八七扶贫重点县身份、农民人均纯收入、人均 GDP、乡村从业人数和革命老区身份。无论控制其他影响因素与否，国家级贫困县"帽子"均存在显著的"棘轮效应"。

第四章的研究主题是交通减贫。为系统梳理和探究交通基础设施建设的农村减贫效应，从农村交通基础设施减贫的作用机理、主要渠道和实际成效等方面进行剖析，揭示了农村交通基础设施对减贫有或正或反的直接与间接作用；其正向作用渠道包括增加非农就业机会，降低农业生产、运输和劳动力转移成本，提高社会服务可获得性，以及促进农业产业结构调整和乡村旅游资源开发等；交通基础设施对农村减贫的影响较大且方向为正；提炼、归纳了建设"亲贫"型交通基础设施的政策建议，并提出了相关研究领域的空白和未来探索方向。

第五章的研究主题是扶贫项目。采用 2010 年我国西部 4 省（区）的农户调查数据，通过倾向值匹配法处理内生性问题，分析了"母亲水窖"项目与农户非农就业之间的因果关系。结果表明，"母亲水窖"项目在一定程度上能有效释放农村剩余劳动力。

第六章的研究主题是贫困家庭教育问题。在高等教育大众化甚至向普及化转型的进程中，每年都有相当数量的农村贫困家庭放弃高等教育投资行为，这已成为一种不容忽视的社会现象。基于其产生的社会背景，以及农村贫困家庭放弃高等教育投资行为的性质和机理，可明晰可能产生的两种具有长远影响的不良后果，应从农户、高校和国家 3 个视角综合看待并加以应对。

第七章的研究主题是贫困与政治参与的关系。以我国 5 省（区）10 县（市）1000 户农户调研数据为基础，通过建构多维分析框架探究绝对贫困与主观贫困对农民政治参与的抑制效应或激发作用。研究发现：在当前农村政治环境中的不同贫困标准下，绝对贫困对农民高、低层次政治参与态度的抑制效应都不显著，但对农民高、低层次政治参与行为的影响各不相同。

第八章的研究主题是宗教与贫困的关系。基于全国 5 省（区）10 县（市）1000 户农户调研数据，实证分析了宗教信仰、宗教参与频率与农民主观贫困相关指标和主观福利水平之间的关系。结果表明，信仰宗教、提高宗教参与频率均能显著提高农民主观贫困标准并扩大两类主观贫困缺口，但同时也有助于降低他们陷入主观贫困的概率，即具有主观减贫效应。

"论文期摘瑕，求友惟攻阙。"值此书付梓之际，谨向吴国宝（中国社会科学院农村发展研究所）、夏英（中国农业科学院农业经济与发展研究所）、杨穗（中国社会科学院农村发展研究所）、宁爱照（中国邮储银行总行）、张斌（农业农村部农村经济研究中心）、谭清香（中国社会科学院农村发展研究所）等对本书作出较大贡献的专家、学者致以衷心的感谢！此外，需特别说明的是，本著作中的相关研究内容离不开国家社会科学基金项目（21BJY224 和 20CGL032）、北京社会科学基金一般项目（20LLGLC066）和中央级公益性科研院所基本科研业务费专项（1610052022019）等方面的资助。

著　者

2022 年 6 月 1 日

北京·海淀

CONTENTS 目 录

专题二：贫困县戴帽

专题三：交通减贫

专题四：扶贫项目

专题五：贫困家庭教育问题

专题六：贫困与政治参与的关系

专题七：宗教信仰（参与）与贫困的关系

专题一：

城 镇 贫 困

第一章

城镇二元结构下贫困测度、
对比及治理研究

一、引言

伴随科技进步和社会生产力的发展，中国农村出现大量剩余劳动力；加之新型城镇化的深入推进，进城务工农民愈来愈多，成了城镇劳动力市场的主力军之一。不仅打破了城乡分割的社会结构，也促进了城镇经济社会的繁荣与发展。据国家统计局监测，2017 年中国进城务工农民总量达到 28 652 万人，比上年增加 481 万人，增长 1.7%；其中，进城务工农民达到 17 185 万人，比上年增加 251 万人，增长 1.5%。然而，由于中国特有的户籍制度，绝大部分进城务工农民没有城镇户籍"身份"，常被称作"城市边缘人"，且由于社会排斥、个体或家庭人力资本差异等原因，进城务工农民与城镇居民存在诸多显著差异，由此形成了城镇二元结构。在收入水平方面，据国家统计局调查数据测算，2017 年，进城务工农民月平均工资为 3 485 元，虽达到城镇私营单位就业人员月均工资（3 813 元）的 91.40%，但仅为城镇非私营单位就业人员月均工资（6 193 元）的 56.27%。在社会保障方面，进城务工农民养老、失业、医疗、工伤、女职工生育保险的参保率非常低，几乎被排除在社会保障之外，目前仍主要依赖各自的家庭、亲戚或社区；相反，城镇居民家庭可享受各类社会保障。在就业机会方面，制度因素导致进城务工农民就业不平等，集中表现在两方面：一是限制进城务工农民进城就业的总量、职业和工种；二是隐蔽或变相地保护城镇居民就业，为其制定特殊优惠的政策措施。在公共服务方面，城镇居民可享受城镇基础设施、子女教育和卫生医疗等公共资源与服务，但进城务工农民大多无法均等享受这些资源或服务。在社会权利方面，城镇居民享有选举权、被选举权及参与民主政治生活等多种权利，但进城务工农民因制度性约束而常被城镇各类正式组织拒之门外，无法享受应有的权利。对以上诸方面的差异，社会各界一直以来均给予了高度关注。但是，学界尚未在相同贫困

注：本章内容曾于 2020 年发表于《统计与决策》（第 9 期）。

标准和分析框架下研究中国进城务工农民家庭与城镇居民家庭的贫困状况及二者异同。本章就其重点内容展开分析与讨论，并提出相应政策建议，以提高城镇贫困治理绩效、加快进城务工农民市民化进程和推进城镇化协调发展。

二、文献综述

城镇二元结构是指在城镇中存在着以身份差别为基础、因制度和社会因素人为造成收入差距不断扩大、社会分化日益严重的两个阶层，即城镇居民和进城务工农民（侯力，2007；李翔，2014），其主要表现形式包括收入差异、户籍制度差异、社会保障差异、就业机会差异、公共服务差异以及权利差异等。其中，收入差异研究相对较多且与本研究主题最接近。目前，大多数学者认为，城镇居民与进城务工农民间存在明显的收入差距（Gustafsson and Li，2001；邢春冰，2008；田丰，2013），但对其主要原因有不同观点：一是就业岗位论。进城务工农民与城镇居民工资差异的59％由岗位类别造成，其余41％由岗位内部差异引起（王美艳，2005）。二是劳动力市场分割论。即劳动力市场的分割阻断了劳动力在地区间、行业间和职业间的自由流动，由此产生工资差异现象（冯虹等，2013）。三是历史遗留问题论。主要指那些转轨成本较高且有悖于市场经济的制度与政策，以及政府对市场缺位和市场扭曲的不作为等（Li Shi and Zhao Renwei，2011）。四是人力资本论。有两种代表性结论：一种发现进城务工农民与城镇居民的人力资本要素回报率非常接近，二者的教育收益率分别为6％和5.6％（Appleton et al.，2004）。另一种认为进城务工农民与城镇居民的人力资本要素回报率仍存在明显差异，二者的教育收益率分别为7.64％和5.26％（武向荣，2009）。五是歧视论。不同学者利用不同数据或方法测算了歧视性因素对进城务工农民与城镇居民的工资收入差异的贡献率，所得结果差异较大，比如10％（邢春冰，2008）、25％（Maurer-Fazio and Dinh，2004）、30％（姚先国、赖普清，2004）和47％～96％（Meng，2000）。

国内学界对进城务工农民问题的研究始于20世纪80年代初，但直至90年代末才有少量学者关注这类群体的贫困现象。截至目前，已有文献资料集中聚焦在4个方面：一是进城务工农民贫困的主要表现，包括物质贫困、能力贫困、权利贫困、精神贫困、福利贫困等（杨云峰，2007；袁方等，2014；孟庆涛，2015；孙咏梅、傅成昱，2016）。二是进城务工农民贫困的测量。迄今，国内外对进城务工农民贫困线的探讨尚未有定论，只有少数机构、学者尝试测算过进城务工农民的收入或消费贫困发生率（ADB，2004；Du et al.，2006；

王美艳，2014）。相较之下，有关进城务工农民多维贫困的研究更少，而且基本采用 A-F 方法，以进城务工农民个体或家庭为测度单位，但择定的具体维度和指标因数据来源、样本特征及目的不同而各异（王春超、叶琴，2014；孙咏梅，2016）。三是进城务工农民致贫原因，学界多从自身禀赋、制度及其运行机制、社会排斥、贫困代际传递、贫困恶性循环、多维贫困等方面进行剖析、阐释（高云虹，2009；周旭霞，2011；李怀玉，2014）。四是减贫路径或政策建议，总体可归纳为提升个体能力、赋予平等权利、完善社会保障、消除社会排斥、实行弹性城市化以及充分发挥民间组织、社会力量的作用等（苗苗，2006；叶普万、周明，2008；王春超、叶琴，2014）。

城镇贫困涵盖个人贫困、普遍贫困以及结构性贫困。其中，结构性贫困又包括阶层性贫困和区域性贫困两种（杨冬民、党兴华，2010）。城镇贫困研究始于 20 世纪 90 年代初期，涉及人口学、社会学、地理学以及城市规划等领域，可细分为过程研究、行动研究、互动研究和综合研究（马清裕等，1999；陈果等，2004）。数十年来，国内外学界尝试采用低保线、国定贫困线、国际贫困线、相对贫困线、主观贫困线、马丁法确定的贫困线，以及基于扩展线性支出法（ELES）确定的贫困线等，测算了中国城镇贫困的规模和程度（李实、古斯塔夫森，1996；Gustafsson，2004；Meng et al.，2005；梁汉媚、方创琳，2011；范晨辉等，2014）。而且，现有研究多从宏观社会经济、中观城市建设管理以及微观个人和家庭等层面解析中国城镇致贫原因（李实、John Knight，2002；马春辉，2005；李霞、韩保江，2012）。对此，学界提出了诸多减贫政策举措，如增强社会资本、规范劳动力市场、健全社会保障体系、加强城市社区建设、发展非公有制经济、推进再就业工程、培育新经济增长点、开展小额信贷、深化国有企业改革、消除社会分配不公、建立贫困监测体系、制定反贫困法、实行适度城市化等（涂德志，2004；梅建明、秦颖，2005；王朝明、马文武，2014）。

综上所述，学界从不同视角对进城务工农民与城镇居民的贫困问题及二者收入差异进行了积极、有益和具有开拓性的探究。这些研究成果为本章提供了丰富的思想资料和充分的理论借鉴，但是，迄今为止，学界将进城务工农民家庭与城镇居民家庭的贫困状况置于相同标准和统一分析框架下进行全面、系统分析的专论尚未出现。详言之，以往文献并未就进城务工农民家庭与城镇居民家庭的贫困差距状况、主要特征、内在根源及基本规律等问题做出回答。贫困在某种程度上源自比较，包括以时间为轴的纵向比较和基于群体差异的横向比较两种。本章采用后一种比较方法，遵循"收入贫困→消费贫困→收入与消费联合贫困→多维贫困""绝对贫困→相对贫困""中国（总样本）→四大区域（东中西部与东北地区分样本）"3 条逻辑主线，系统测度、对比剖析城镇居民家庭与进城务工农民家庭的贫困问题，以期得出具有前瞻性的科学结论，为政策制定部门提供参考依据。

三、测度方法、指标设置和数据来源

（一）测度方法

1. **贫困发生率（H）** 计算公式为 $H = \dfrac{q}{n}$，n 代指样本数；q 为预设贫困线下的城镇居民家庭数或进城进城务工农民家庭数。文中拟用 2 种贫困线：一是绝对贫困线，即世界银行建议的中上等收入国家每人每天 3.1 美元的国际贫困线，按国家统计局的测算方法，相当于 2015 年城镇人均 5 079 元[①]；二是相对贫困线，以 2015 年城镇居民人均可支配收入中位数的一半（14 564.5 元）为标准。

2. **贫困敏感性** 由于收入或消费贫困发生率随贫困线调整而变化，因此贫困敏感性可用每提高一档贫困线所致贫困发生率的升幅来表示。城镇居民家庭的贫困敏感性越高，表明他们抵御外部收入或消费不利冲击的能力越弱（蔡昉等，2003）。其公式为 $\Delta PS = \dfrac{(H_i - H_{i-1})}{H_{i-1}}$，$i = 1，2，\cdots，n$，$\Delta PS$ 为贫困敏感性，$(i-1)$ 表示第 i 条贫困线的前 1 条较低档的贫困线，H_i、H_{i-1} 分别表示第 i 条和第 $(i-1)$ 条贫困线下的贫困发生率。

3. **A-F 方法** 即 A-F 双临界值方法，是基于 Sen 的可行能力剥夺理论发展的多维贫困测量方法，目前在国际范围内得到广泛使用。本章利用"维度加总"和"维度分解"策略来综合评价进城务工农民家庭或城镇居民家庭在各个维度的具体贫困状况。其中，"维度加总"旨在测算进城务工农民家庭或城镇居民家庭各自所有维度指标的综合贫困指数。

$$MPI(K) = H(k) \cdot A(k) \qquad (1-1)$$

$$H(k) = \sum_{i=1}^{n} q_{ij}(k) \Big/ n \qquad (1-2)$$

$$A(k) = \sum_{i=1}^{n} c_{ij}(k) \Big/ \sum_{i=1}^{n} q_{ij}(k) \cdot d \qquad (1-3)$$

以上公式中，MPI 为多维贫困指数，标示进城务工农民家庭或城镇居民家庭的综合贫困状况；H 为多维贫困发生率，标示进城务工农民家庭或城镇

---

① 5 079 =（3.1÷2.3）×2 855×1.32。式中，3.1 是指世界银行 3.1 美元贫困标准，2 855 是指 2015 年中国的国家扶贫标准，指按购买力平价方法计算，相当于每天 2.3 美元，而 1.32 是指城镇与农村之间的转换系数。此算法源自国家统计局。

居民家庭的多维贫困状况；A 为平均剥夺份额，标示贫困深度；$c_{ij}(k)$ 表示样本家庭在至少 k 个维度处于贫困时的贫困维度的总和；d 表示指标数量。相对应，"维度分解"旨在测算各个维度指标对综合贫困指数的贡献程度，计算公式为 $I_j = (\omega_j/d) \cdot (H_j/M)$，$\omega_j$ 表示维度 j 在多维贫困测度中所占的权重，文中各维度拟用等权重测算。

（二）指标设置

基于王小林（2009）、郭建宇与吴国宝（2012）、王春超与叶琴（2014）等学者的研究成果，再结合既有数据的结构特征，本章最终确定 3 个方面和 10 个均能反映进城务工农民家庭与城镇居民家庭福利水平的维度（表 1-1）。

表 1-1　多维贫困测量的指标、权重及剥夺临界值

方面	维度	剥夺临界值
教育 (1/3)	受教育情况 (1/3)	家中至少有 1 人未上过小学且没有人上过专科、本科或研究生=1，否则=0
健康 (1/3)	健康状况 (1/3)	家中有 1 个及以上生活不能自理或不健康但生活能自理的人=1，无=0
生活 (1/3)	住房类型 (1/24)	非钢筋混凝土、砖混材料和砖瓦砖木（结构）=1，则=0
	户外路面 (1/24)	无水泥、柏油、沙石、石板等硬质路面=1，否则=0
	饮用水 (1/24)	无安全性（不存在"使用经过净化处理的自来水、受保护的井水和泉水、桶装水，饮用水经过集中净化处理或主要饮用水水源没有化学污染"等情况）或者无便利性（存在"单次取水往返时间超过半小时；间断或定时供水；当年连续缺水时间超过 16 天"等情况）=1，否则=0
	卫生厕所 (1/24)	无水冲式卫生厕所或卫生旱厕或者本户不能独用卫生厕所=1，否则=0
	沐浴设施 (1/24)	无洗澡设施=1，否则=0
	炊用能源 (1/24)	使用柴草或煤炭=1，否则（如液化石油气、煤气、天然气、电等清洁能源）=0
	资产数量 (1/24)	无家用汽车且家用电器（彩色电视机、空调、热水器、计算机）最多拥有一项=1，否则=0
	通信 (1/24)	未接入有线电视、互联网、移动电话和计算机=1，否则=0

注：括号中的数字为权重。

（三）数据来源

分析用数据源自国家统计局 2015 年城镇住户抽样调查，从中随机选取了 8 个省份（自治区、直辖市）的两类家庭：一是有城镇户籍的居民家庭，共 4 632 户；二是举家到城镇定居的进城务工农民家庭（不同于城镇就业、家在农村的进城务工农民家庭），共 1 962 户。样本覆盖了东部、中部、西部以及东北地区（表 1-2）。

表 1-2   样本分布特征

区域	进城务工农民家庭		城镇居民家庭	
	样本数（户）	占比（%）	样本数（户）	占比（%）
东部地区（天津、江苏）	630	32.11	963	20.79
中部地区（江西、湖南）	352	17.94	878	18.96
西部地区（内蒙古、云南、陕西）	635	32.36	1 709	36.90
东北地区（辽宁）	345	17.58	1 082	23.36
中国（合计）	1 962	100.00	4 632	100.00

四、结果分析与讨论

（一）绝对贫困与相对贫困

1. **收入或消费单维视角**   由表 1-3 可知：第一，无论在绝对贫困线下还是在相对贫困线下，不管是中国抑或是四大区域，进城务工农民家庭的收入或消费贫困发生率均远高于城镇居民家庭收入或消费贫困发生率。不仅如此，这两类家庭之间的消费贫困发生率差距远大于收入贫困发生率差距。从区域比较来看，东北地区两类家庭之间的收入或消费贫困发生率差距最大，西部地区次之，东、中部地区相对最低。以上说明，进城务工农民家庭的收入或消费贫困比城镇居民家庭更严重（东北地区尤甚），且他们间的经济贫困差距更多体现在消费贫困方面。

第二，中国及其四大区域城镇居民家庭的收入或消费贫困敏感性均远大于进城务工农民家庭。这意味着城镇居民家庭抵御外部对收入或消费冲击的能力大大弱于进城务工农民家庭。此结果既在意料之外，又在情理之中，其原因是当遭遇下岗失业、天灾人祸等突发事件，进城务工农民还可返乡务农维持生计，而城镇居民则只能申请低保或社会救助，难免陷入经济困境。

第三，中国进城务工农民家庭与城镇居民家庭的收入贫困敏感性差距大于消费贫困敏感性差距。而且除中部地区外，东、西部及东北地区进城务工农民家庭与城镇居民家庭的收入贫困敏感性差距均小于消费贫困敏感性差距。这说明总体上两类家庭抵御外部不利冲击的能力差距更多体现在抵御收入冲击的能力层面。其中，东、西部及东北地区两类家庭抵御外部不利冲击的能力差距更多体现在抵御消费冲击的能力层面，中部地区则更多体现在抵御收入冲击的能力层面。此外，在四大区域中，中部地区进城务工农民家庭与城镇居民家庭的收入贫困敏感性差距远大于其他地区，而东北地区进城务工农民家庭与城镇居民家庭的消费贫困敏感性差距大于其他地区。可见，中部地区两类家庭抵御外部对收入冲击的能力差距最大，而东北地区两类家庭抵御外部对消费冲击的能力差距最大。

表 1-3　收入或消费贫困发生率及贫困敏感性

区域	家庭类型	绝对贫困线		相对贫困线		收入贫困敏感性（倍）	消费贫困敏感性（倍）
		收入贫困发生率（%）	消费贫困发生率（%）	收入贫困发生率（%）	消费贫困发生率（%）		
中国	进城务工农民家庭	2.07	12.33	26.33	65.61	11.72	4.32
	城镇居民家庭	0.45	4.87	11.78	45.87	25.18	8.42
	二者之差	1.62	7.46	14.55	19.74	−13.46	−4.10
东部地区	进城务工农民家庭	1.43	12.06	20.63	60.32	13.43	4.00
	城镇居民家庭	0.31	2.70	5.71	35.20	17.42	12.04
	二者之差	1.12	9.36	14.92	25.12	−3.99	−8.04
中部地区	进城务工农民家庭	1.14	11.08	27.56	68.18	23.18	5.15
	城镇居民家庭	0.11	3.76	10.48	48.52	94.27	11.90
	二者之差	1.03	7.32	17.08	19.66	−71.10	−6.76
西部地区	进城务工农民家庭	4.25	17.01	39.69	68.82	8.34	3.05
	城镇居民家庭	1.11	5.09	14.57	43.36	12.13	7.52
	二者之差	3.14	11.92	25.12	25.46	−3.79	−4.47
东北地区	进城务工农民家庭	5.51	15.65	37.68	72.75	5.84	3.65
	城镇居民家庭	0.74	3.42	10.81	44.92	13.61	12.13
	二者之差	4.77	12.23	26.87	27.83	−7.77	−8.49

2. 收入与消费联合视角　如表 1-4 所示，不难发现：首先，在绝对贫困层面，中国及其四大区域进城务工农民家庭的选择性贫困发生率、次级贫困发生率均远高于城镇居民家庭。而且除中部地区外，中国及其他三大区域进城务工农民家庭的双重贫困发生率均高于城镇居民家庭。在相对贫困层面，中国及其四大地区进城务工农民家庭的选择性贫困发生率、次级贫困发生率和双重贫困发生率均高于城镇居民家庭。这说明 3 点：一是进城务工农民家庭的绝对选择性贫困和绝对次级贫困比城镇居民家庭更严重；二是中部地区进城务工农民

家庭的绝对双重贫困比城镇居民家庭更严重，而中国及其他地区的情况正好相反；三是进城务工农民家庭的相对选择性贫困、相对次级贫困以及相对双重贫困均比城镇居民家庭严重。

其次，中国及其西部、东北地区进城务工农民家庭的选择性贫困敏感性、次级贫困敏感性和双重贫困敏感性均小于城镇居民家庭，而且这两类家庭的双重贫困敏感性差距最大，选择性贫困敏感性差距次之，次级贫困敏感性差距最小。不仅如此，西部地区进城务工农民家庭与城镇居民家庭的选择性贫困敏感性差距远小于东部、中部及东北地区。这说明2点：一是中国及其西部、东北地区进城务工农民家庭抵御外部对收入与消费联合冲击的能力和在保持收入（或消费）非贫困情况下抵御外部对消费（或收入）冲击的能力均弱于城镇居民家庭。其中，两类家庭抵御外部对收入与消费联合冲击的能力相差最大，而在保持消费非贫困情况下抵御外部对收入冲击的能力最相近。二是相比其他地区，西部地区进城务工农民家庭在保持收入非贫困情况下抵御外部对消费冲击的能力与城镇居民家庭最接近。

表1-4 收入与消费联合贫困发生率及贫困敏感性（倍）

区域	家庭类型	绝对贫困线			相对贫困线			选择性贫困敏感性（倍）	次级贫困敏感性（倍）	双重贫困敏感性（倍）
		选择性贫困发生率（%）	次级贫困发生率（%）	双重贫困发生率（%）	选择性贫困发生率（%）	次级贫困发生率（%）	双重贫困发生率（%）			
中国	进城务工农民家庭	12.64	1.53	1.48	38.02	2.40	28.64	2.01	0.57	18.35
	城镇居民家庭	3.69	0.41	0.26	33.27	1.34	9.74	8.02	2.27	36.46
	二者之差	8.95	1.12	1.22	4.75	1.06	18.9	-6.01	-1.70	-18.11
东部地区	进城务工农民家庭	11.11	0.48	0.95	41.59	1.90	18.73	2.74	2.96	18.72
	城镇居民家庭	2.70	0.31	0	30.53	1.04	4.67	10.31	2.35	—
	二者之差	8.41	0.17	0.95	11.06	0.86	14.06	-7.56	0.60	—
中部地区	进城务工农民家庭	11.08	1.14	0	42.05	1.42	26.14	2.80	0.25	—
	城镇居民家庭	3.64	0	0.11	39.41	1.37	9.11	9.83	—	81.82
	二者之差	7.44	1.14	-0.11	2.64	0.05	17.03	-7.03	—	—
西部地区	进城务工农民家庭	15.12	2.36	1.89	32.76	3.62	36.06	1.17	0.53	18.08
	城镇居民家庭	4.56	0.59	0.53	30.37	1.58	12.99	5.66	1.68	23.51
	二者之差	10.56	1.77	1.36	2.39	2.04	23.07	-4.49	-1.14	-5.43
东北地区	进城务工农民家庭	12.46	2.32	3.19	37.10	2.03	35.65	1.98	-0.13	10.18
	城镇居民家庭	3.23	0.55	0.18	35.30	1.20	9.61	9.93	1.18	52.39
	二者之差	9.23	1.77	3.01	1.80	0.83	26.04	-7.95	-1.31	-42.21

（二）多维贫困

1. 单维或 n 维贫困发生率 表1-5中数据显示：第一，中国及其四大区域进城务工农民家庭在教育质量、住房类型、户外路面、饮用水、卫生厕所、沐浴设施、炊用能源、资产数量以及通信等维度上的贫困发生率均高于城镇居民家庭，这意味着进城务工农民家庭在除人员健康外的其他9个维度上受剥夺的情况均比城镇居民家庭严重。第二，中国进城务工农民家庭与城镇居民家庭在卫生厕所、沐浴设施、炊用能源、资产数量和教育质量等维度的贫困发生率差距远大于在其他维度上的差距。这说明进城务工农民家庭与城镇居民家庭的多维贫困差距更多体现在以上5个维度。

表1-5 单个维度的贫困发生率（％）

区域	指标/居民类型	教育质量	人员健康	住房类型	户外路面	饮用水	卫生厕所	沐浴设施	炊用能源	资产数量	通信
中国	进城务工农民家庭	11.29	5.70	1.86	5.29	3.51	27.22	21.42	15.7	13.0	11.29
	城镇居民家庭	3.30	7.00	0.50	1.48	1.68	9.27	10.44	6.21	6.79	4.38
	二者之差	7.99	−1.30	1.36	3.81	1.83	17.95	10.98	9.49	6.21	6.91
东部地区	进城务工农民家庭	11.87	4.30	0.21	1.91	0.87	25.70	11.36	9.10	3.53	7.21
	城镇居民家庭	4.09	6.13	0.01	0.60	0.29	3.87	1.32	0.90	0.73	1.88
	二者之差	7.78	−1.83	0.20	1.31	0.58	21.83	10.04	8.20	2.80	5.33
中部地区	进城务工农民家庭	10.18	6.35	2.25	1.51	1.89	12.06	12.82	11.15	8.34	6.81
	城镇居民家庭	2.83	6.38	0.19	0.50	0.74	7.92	4.96	7.64	5.55	5.15
	二者之差	7.35	−0.03	2.06	1.01	1.15	4.14	7.86	3.51	2.79	1.66
西部地区	进城务工农民家庭	12.79	6.46	4.88	10.93	7.34	44.27	35.6	26.74	23.81	21.28
	城镇居民家庭	3.99	7.69	1.62	3.90	2.77	16.88	17.78	11.24	10.93	5.69
	二者之差	8.80	−1.23	3.26	7.03	4.57	27.39	17.82	15.50	12.88	15.59
东北地区	进城务工农民家庭	9.06	6.79	0	10.4	6.23	27.03	36.66	20.68	25.92	11.61
	城镇居民家庭	1.85	8.09	0	0.59	3.33	7.79	20.05	4.54	11.00	4.96
	二者之差	7.21	−1.30	0	9.81	2.90	19.24	16.61	16.14	14.92	6.65

表1-6报告了中国及其四大区域进城务工农民家庭与城镇居民家庭的十维脱贫率[①]之差和 n 维（$1 \leqslant n < 10$）贫困发生率之差。从中可知3点：一是中国及其四大区域进城务工农民家庭的十维脱贫率远低于城镇居民家庭。其中，中部地区进城务工农民家庭与城镇居民家庭的十维脱贫率相差最小，西部地区

---

① 十维脱贫率即10个指标中无一指标处于被剥夺状态，或称零维贫困发生率。

相差最大。这说明城镇居民家庭在 10 个维度上均脱贫的情况比进城务工农民家庭更普遍，此特征在西部地区最为明显。二是除西部地区一维贫困发生率外，中国及各地区进城务工农民家庭的 n 维（$n \geqslant 1$）贫困发生率均高于城镇居民家庭。这表明西部地区城镇居民家庭的一维贫困状况比进城务工农民家庭更严重，具有一定特殊性。三是中国及其四大区域进城务工农民家庭贫困的最高维数比城镇居民家庭大 1~2 个维数，而且随着贫困维数的逐渐提高，两类家庭相应维数的贫困发生率之差呈缩小之势。这说明两类家庭的多维贫困差距更多体现在低维贫困。

表 1-6　n 维贫困发生率（%）

贫困维数	中国			东部地区			中部地区			西部地区			东北地区		
	进城务工农民家庭	城镇居民家庭	二者之差	进城务工农民家庭	城镇居民家庭	二者之差	进城务工农民家庭	城镇居民家庭	二者之差	进城务工农民家庭	城镇居民家庭	二者之差	进城务工农民家庭	城镇居民家庭	二者之差
0	50.45	73.39	-22.94	59.54	86.28	-26.74	59.17	74.49	-15.32	33.98	64.13	-30.15	41.53	67.14	-25.61
1	18.64	14.65	3.99	18.28	9.96	8.32	20.82	15.98	4.84	15.67	15.82	-0.15	21.09	17.70	3.39
2	13.08	4.99	8.09	11.82	1.93	9.89	12.07	4.79	7.28	16.63	6.70	9.93	11.72	7.06	4.66
3	7.26	3.26	4.00	8.31	1.35	6.96	4.54	2.66	1.88	8.62	5.47	3.15	6.92	3.59	3.33
4	5.66	2.43	3.23	1.34	0.46	0.88	2.22	2.08	0.14	13.79	4.07	9.72	8.13	3.30	4.83
5	3.00	0.87	2.13	0.49	0.02	0.47	1.19	0	1.19	5.61	2.49	3.12	7.90	0.95	6.95
6	1.36	0.33	1.03	0.13	0	0.13	0	0	0	4.00	1.09	2.91	2.09	0.17	1.92
7	0.46	0.08	0.38	0.09	0	0.09	0	0	0	1.52	0.23	1.29	0.35	0.10	0.25
8	0.08	0	0.08	0	0	0	0	0	0	0.18	0	0.18	0.26	0	0.26

2. 多维贫困测算及分解　按国际学界研究经验，常取 0.4（以 0.5 为参照）作为测度多维贫困的贫困剥夺临界值（表 1-7）。在贫困剥夺临界值取 0.4、0.5 时，中国及其四大区域进城务工农民家庭的多维贫困指数和多维贫困发生率均高于城镇居民家庭，即进城务工农民家庭的多维贫困比城镇居民家庭更严重。从区域比较来看，西部地区进城务工农民家庭与城镇居民家庭之间的多维贫困指数之差、多维贫困发生率之差均大于其他地区，中部地区情况正相反。这说明中部地区进城务工农民家庭与城镇居民家庭的多维贫困差距最小，西部地区两类家庭的此种贫困差距最大。

表 1-7 多维贫困估计结果

区域	家庭类型	剥夺临界值：0.4			剥夺临界值：0.5		
		多维贫困指数	多维贫困发生率（%）	平均剥夺份额（%）	多维贫困指数	多维贫困发生率（%）	平均剥夺份额（%）
中国	进城务工农民家庭	0.043	7.8	55.2	0.029	4.6	63.4
	城镇居民家庭	0.016	3.1	52.8	0.010	1.6	61.8
	二者之差	0.027	4.7	2.4	0.019	3.0	1.6
东部地区	进城务工农民家庭	0.033	6.3	52.5	0.018	2.9	64.4
	城镇居民家庭	0.011	1.7	63.8	0.009	1.3	68.6
	二者之差	0.022	4.6	−11.3	0.009	1.6	−4.2
中部地区	进城务工农民家庭	0.016	3.1	52.3	0.008	1.1	67.7
	城镇居民家庭	0.009	1.8	47.1	0.002	0.3	69.4
	二者之差	0.007	1.3	5.2	0.006	0.8	−1.7
西部地区	进城务工农民家庭	0.067	11.8	56.5	0.049	7.9	62.8
	城镇居民家庭	0.020	3.7	53.7	0.014	2.3	59.4
	二者之差	0.047	8.1	2.8	0.035	5.6	3.4
东北地区	进城务工农民家庭	0.046	8.1	57.0	0.035	5.5	63.2
	城镇居民家庭	0.022	4.4	49.9	0.010	1.6	61.0
	二者之差	0.024	3.7	7.1	0.025	3.9	2.2

分区域将进城务工农民与城镇居民家庭的多维贫困指数按指标分解，得到表 1-8 所示结果。在 0.4 或 0.5 的贫困剥夺临界值下，健康维度对中国及其四大区域进城务工农民家庭多维贫困指数的贡献率均小于城镇居民家庭且相差巨大；生活维度对中国及其四大区域进城务工农民家庭多维贫困指数的贡献率均大于城镇居民家庭，但相差不大；而教育维度在不同区域和贫困剥夺临界值下略有差异。这说明健康维度是造成进城务工农民家庭与城镇居民家庭多维贫困差距的最主要因素。

整体对比来看，进城务工农民家庭或城镇居民家庭的多维贫困均与收入贫困、消费贫困、双重贫困、次级贫困、选择性贫困等存在不同程度的交叠，这体现了各种贫困度量方法的差异性。若仅用收入或消费进行评价时，有些进城务工农民家庭或城镇居民家庭是"非贫困"的，致使他们在其他维度上受剥夺的情况被隐藏。因此，单纯经济导向的扶贫难以改善他们的福利状况、生存条件和发展环境，需要综合措施。

表1-8 多维贫困指数中各指标的贡献率（%）

剥夺临界值	维度	指标	中国			东部			中部			西部			东北		
			进城务工农民家庭	城镇居民家庭	二者之差	进城务工农民家庭	城镇居民家庭	二者之差	进城务工农民家庭	城镇居民家庭	二者之差	进城务工农民家庭	城镇居民家庭	二者之差	进城务工农民家庭	城镇居民家庭	二者之差
0.4	教育	教育质量	43.1	26.7	16.4	47.6	45.7	1.9	40.6	13.3	27.3	48.0	28.1	19.9	25.1	20.9	4.2
	健康	人员健康	32.1	52.1	-20.0	33.3	49.0	-15.7	40.6	70.7	-30.1	25.2	46.5	-21.3	46.0	55.7	-9.7
	生活	住房类型	0.5	0.4	0.1	0	0	0	0.7	0.6	0.1	0.9	0.8	0.1	0	0	0
		户外路面	2.0	0.9	1.1	1.2	0	1.2	2.2	0.6	1.6	2.4	1.5	0.9	2.1	0.7	1.4
		饮用水	1.3	0.9	0.4	0.2	0.8	-0.6	1.4	0	1.4	1.7	0.8	0.9	1.8	1.4	0.4
		卫生厕所	6.0	4.6	1.4	6.2	2.4	3.8	3.6	3.3	0.3	6.2	6.1	0.1	6.3	3.8	2.5
		沐浴设施	4.7	5.3	-0.6	3.0	0.4	2.6	2.9	2.8	0.1	4.9	5.7	-0.8	6.8	7.5	-0.7
		炊用能源	3.9	3.1	0.8	3.8	0.4	3.4	3.6	1.7	1.9	3.9	4.5	-0.6	3.9	2.6	1.3
		资产数量	3.7	4.5	-0.8	2.8	0.4	2.4	3.6	5.0	-1.4	3.5	4.2	-0.7	5.5	6.4	-0.9
		通信	2.7	1.4	1.3	2.0	0.8	1.2	0.7	2.2	-1.5	3.3	1.7	1.6	2.6	1.0	1.6
		合计	24.8	21.1	3.7	19.0	5.3	13.7	18.8	16.0	2.8	26.8	25.3	1.5	29.0	23.5	5.5
0.5	教育	教育质量	43.9	35.5	8.4	46.0	48.6	-2.6	49.2	48.0	1.2	47.8	30.9	16.9	30.6	32.1	-1.5
	健康	人员健康	30.6	45.1	-14.5	37.4	48.6	-11.2	36.9	48.0	-11.1	24.4	43.5	-19.1	38.9	45.0	-6.1
	生活	住房类型	0.5	0.5	0	0	0	0	0	0	0	0.9	0.9	0	0	0	0
		户外路面	2.4	1.3	1.1	0	0.9	-0.9	1.5	0	1.5	2.8	1.8	1	2.8	1.6	1.2
		饮用水	1.4	1.0	0.4	4.7	1.4	3.3	1.5	0	1.5	1.7	0.9	0.8	2.1	1.6	0.5
		卫生厕所	5.6	4.4	1.2	2.9	0	2.9	3.1	0	3.1	6.0	6.0	0	6.2	4.4	1.8
		沐浴设施	4.6	3.9	0.7	2.9	0	2.9	1.5	0	1.5	4.8	5.1	-0.3	6.6	5.2	1.4
		炊用能源	3.8	3.6	0.2	2.5	0	2.5	4.6	0	4.6	3.9	5.3	-1.4	4.5	3.6	0.9
		资产数量	3.9	3.5	0.4	2.5	0.5	2	1.5	2.0	-0.5	4.0	4.2	-0.2	5.6	5.2	0.4
		通信	3.1	1.3	1.8	0.5	0.5	0	2.0	0	2	3.7	1.6	2.1	2.8	1.2	1.6
		合计	25.4	19.5	5.9	16.5	2.8	13.7	13.8	4.0	9.8	27.8	25.6	2.2	30.6	22.9	7.7

五、结论与政策建议

本章从"收入-消费-多维"视角全面对比分析了城镇二元结构中进城务工农民与城镇居民的贫困异同，得到以下主要结论：（1）无论总体上还是分不同贫困类型考察，进城务工农民家庭的贫困严重程度均甚于城镇居民家庭，其贫困差距突出表现在"消费贫困""低维贫困"以及卫生厕所、沐浴设施、炊用能源、资产数量和教育质量被剥夺的5个方面。（2）进城务工农民家庭抵御外部对收入或消费冲击的能力均强于城镇居民家庭。（3）中国及其中部地区两类家庭抵御外部不利冲击的能力差距集中体现在抵御收入冲击的能力层面，东、西部及东北地区更多体现在抵御消费冲击的能力层面。（4）人员健康是造成两类家庭多维贫困差距的最主要因素，西、中部地区分别是两类家庭多维贫困差距最大和最小的地区。

根据实证研究结论和现实背景，提出以下政策建议。

第一，提供多元化住房保障形式，改善进城务工农民居住条件和环境。政府应逐步将已在城镇稳定就业、居住一定年限的进城务工农民，纳入政府公共租赁房、廉租房、经济适用房、限价商品房政策享受范围，积极推进市场配置和政府保障相互结合的住房制度，降低进城务工农民家庭在城镇的生活成本。同时，开展"群租房"专项整治，根治"蚁居"隐患，从以人为本的角度考虑进城务工农民的基本居住需求，为其提供、配备必要的卫生厕所、沐浴设施和炊用能源等。

第二，加强农村基础教育和职业培训，保障进城务工农民子女平等受教育权益。一方面，加强农村基础教育，推动教育体制改革，提高农民整体素质；另一方面，发挥政府、企业、社会团体和民间社会力量的作用，建立多层次、多渠道的职业技术培训体系，提高进城务工农民在劳动力市场上的竞争力。此外，高度重视进城务工农民尤其是在城镇工作生活达到规定年限的进城务工农民的子女教育问题（不仅指义务教育，还包括高中乃至大学教育），坚持"规范、公平、效率"的原则，将进城务工农民子女教育经费纳入地方财政预算，使其享有与城镇居民子女一样的教育资源和平等的受教育权利。

第三，梯次渐进推动户籍制度改革，将贫困进城务工农民纳入城镇扶贫工作体系。让发展成果更多更公平惠及全体人民，是党的十八届三中全会提出的发展目标。在城镇化进程中，必须根据中国城镇、区域间经济发展不平衡及其所处不同发展阶段，分批次逐步剥离附加于户籍制度上的不公平福利内容，按照"时间＋贡献"的原则推进基本公共服务均等化，将外来进城务工农民纳入城镇扶贫工作体系，使其与城镇贫困居民享受同等扶助，并通过一般性转移支付或特定的消费补贴保障，提高城镇所有贫困群体的基本生活水平。

第二章

中国城镇住户贫困的测度与分析
——基于广义与狭义视角

一、引言

长久以来，中国贫困主要表现为农村地区及其人口的贫困，城镇贫困问题相较而言并不十分突出。但是，近年一个不容忽视的客观现实已摆在中国政府面前，即随着农村脱贫人口大幅增加、工业化城镇化快速推进以及城镇经济社会结构变迁，城镇贫困问题（群体规模呈不断扩大趋势）日益凸显且成因复杂、治理难度更大（陈岱云、陈希，2016）。作为一个兼具经济与政治双重性质的问题，城镇贫困已成为影响中国全面深化改革、释放发展活力及社会和谐稳定的主要障碍之一（章熙春等，2017）。然而，中国一直未将城镇贫困问题列入政府反贫困计划之中，而是把城镇贫困人口等同于需要社会救济的无劳动能力、无收入来源和无法定抚养人的"三无"人员。随着 2020 年打赢脱贫攻坚战目标的实现，中国将开始步入城乡反贫困并重的新阶段，城镇贫困开始引起各级政府和社会各界的高度关注，显然不宜再用"三无"标准来界定城镇贫困人口。尽管城镇的贫困程度较农村贫困相对轻微，但由于城镇人口集中，人际交往较多，其贫困问题引致的社会摩擦、冲突、震荡等不良影响比农村更严重。因此，治理城镇新贫困既是社会发展的内在要求和建立社会主义市场经济体制的重要保证，也是加速经济结构调整、推进国有企业改革、完善社会保障制度及维护社会秩序等的重要措施。在今后相当长时期内城镇贫困治理任重而道远，是一个十分棘手而又亟待解决的重大课题，其重要意义不亚于消除现行标准下的农村贫困。因此，现阶段研究中国城镇新贫困问题显得极为必要也正当其时。

注：本章内容曾于 2021 年发表于《统计与信息论坛》（第 5 期）。

二、文献综述

作为与社会发展伴生的现象，中国城镇贫困问题出现的时间相对较短。城镇贫困研究肇始于 20 世纪 90 年代初期，多涉及人口学、社会学、地理学以及城市规划等领域，可大致分为过程研究、行动研究、互动研究和综合性研究 4 种。其中，过程研究开展较早、持续较长且相对集中，多聚焦城镇贫困的类型学和发生学分析，探讨城镇贫困的概念、测度、特征以及贫困致因等方面（陈云，2016；郭君平等，2020）；行动研究相对薄弱，主要从一种或多种互动关系如区域差异、利益主体分化和社会空间分异等角度来考察城镇贫困问题（熊娜、宋洪玲，2018；代兰海等，2019）；互动研究则集中探讨反贫困的过程、行动主体及相关措施，但同样较为薄弱（王宁等，2016；冯丹萌、陈洁，2020）。学术界对城镇贫困的认识一般涵盖个人贫困、普遍贫困以及结构性贫困，其中，结构性贫困又包括阶层性贫困和区域性贫困两种（杨冬民、党兴华，2010）。

城镇贫困是指某些城镇居民因缺乏一定物质、社会、文化、精神等方面的资源和就业权、受教育权、住房权、医疗权等应得的平等权利而不能满足他们维持生理需求和社会、政治、经济、文化生活可以接受标准的一种生存状态。其中，知识、信息和文化的贫困更是城镇贫困阶层发展的主要障碍（胡鞍钢、李春波，2001；高功敬，2016）。也有学者基于食物供需、其他生理需求和社会情感视角认为城镇贫困是物质贫困与精神贫困的综合（阎文学，1994；周亮、沈丹，2017）。数十年来，国内外机构、学者尝试采用不同标准测算了中国城镇贫困的规模和程度，其中，主要标准包括低保线、国定贫困线、相对贫困线、主观贫困线、多维贫困标准、基于马丁法确定的贫困线以及基于扩展线性支出法确定的贫困线等（Gustafsson et al.，2004；梁汉媚、方创琳，2011；范晨辉等，2014；张冰子等，2019）。

长期以来，中国城镇贫困集中体现在贫困群体（如失业人口、进城务工农民等）和贫困空间单元（如贫民社区等），并呈现以下主要特征：贫困人口结构多元化，新贫困人口已成为城镇贫困的主体；绝对贫困、基本贫困与相对贫困并存，但以相对贫困程度为主；持久性贫困、暂时性贫困和选择性贫困并存，多属于选择性贫困；区域性、结构性和阶层性贫困并存，阶层性贫困有严重化态势；物质贫困与精神贫困并存，且相互影响和制约；贫困人口空间分布区域性、离散性及边缘性并存；原生性贫困、被动性贫困及后发性贫困并存，后发性贫困隐含更多不安定因素（李实、John Knight，2002；张丽荣、刘玲，2011；朱冬梅、刘桂琼，2014；臧元峰，2017）。诚然，城镇贫困是由多种因素综合作用而成，现有研究主要从以下视角解析：一是宏观社会经济因素，如经济体制改革、产业结构变动、户籍制度变迁、收入分配差距扩大、社保机制不健全以及通胀或通缩冲击等（张靖、李敏，2014；王锴，2018；郭宇畅、谷明远，2018；于涛，2019）；二是中观城市建设管理因素，如城市管理体制改革滞后，城市规划、建设中对社会公众利益关注不够等（张新红，2017）；三是微观个人和家庭因素，如健康状况（病残）、文化素质、年龄结构、家庭人口规模、赡养负担、就业观念落后（李霞、韩保江，2012；刘铮、曹苑达，2015）。

众所周知，严重的城镇贫困问题或对社会稳定和正常的秩序造成影响，如社会治安案件上升、影响个人生活信心、造成家庭不幸、引发反社会的极端行为等（龚晓宽，2002）。因此，为减缓、消除城镇贫困，学术界针对其成因，提出了诸多政策举措。譬如，增强社会资本、规范劳动力市场、完善社会保障体系、发展非公有制经济、推进再就业工程、培育新经济增长点、实施金融素养提升计划、深化国有企业改革、消除社会分配不公、构建城乡一体减贫政策框架等（王朝明、马文武，2014；单德朋，2019）。

国内外学术界对中国城镇贫困问题做了积极探讨和深入研究，但在实际操作中由于数据来源（样本大小）、统计口径（是否将流动贫困人口计算在内）、贫困标准（尚无官方给定的城镇贫困线）以及测度年份等的区别，致使所得结果争议较大（高估或低估城镇贫困）。相比既有文献，本章的边际贡献在于利用样本量更大、覆盖地域更广的较新数据和 A－F 指数等主流方法，首次基于广义与狭义城镇住户贫困视角，创设一个统一的分析框架，系统测度、探究中国城镇住户贫困的规模、程度、敏感性及空间分异规律，以期为建立制度化、社会化、长期化的城镇反贫困机制提供科学的决策依据，因而兼具学理价值和政策意义。下文中，狭义城镇住户贫困仅指县人民政府所在地建制镇以上各级城市中，持有当地常住户口的住户的收入、消费支出或其他多个维度低于预设贫困标准的状态。广义城镇住户贫困是指县人民政府所在地建制镇以上各级城市中住户的收入、消费支出或其他多个维度低于预设贫困标准的状态，其中，住户包括持有城镇常住户口的住户和举家进城"未落户"的进城务工农民家庭。

三、研究方法和数据来源

（一）研究方法

1. **贫困发生率与贫困敏感性**　由贫困测量理论与方法可知，贫困发生率的计算公式为：

$$H=\frac{q}{n} \qquad\qquad (2-1)$$

式中，n 代指样本总数；q 为预设贫困线下的城镇住户数。文中拟用 2 条贫困线[①]：一是绝对贫困线，即世界银行提出的每人每天 3.1 美元国际贫困线（2015 年折合人民币 5 079 元[②]）；二是城镇相对贫困线，以 2015 年城镇住户人均可支配收入中位数的 50% 为标准，即 14 564.5 元。由于收入或消费贫困发生率会随贫困线的升降而变化，可用每提高一档贫困线所致贫困发生率的增幅来表示贫困敏感性（郭君平等，2018）。若城镇住户的贫困敏感性愈高（或贫困线较小的移动引发很大的变化），表明他们抵御外部收入（或消费）不利冲击的能力愈弱（蔡昉等，2003）。其计算公式如下：

$$\Delta PS=(H_i-H_{i-1})\big/H_{i-1}, \ i=1, 2, \cdots, n \qquad (2-2)$$

其中，ΔPS 为贫困敏感性，$i-1$ 表示第 i 条贫困线的前一条较低档的贫困线，i 特指相对贫困线，$i-1$ 为绝对贫困线；H_i 表示第 i 条贫困线下的贫困发生率。

2. A-F 方法 本章基于森的可行能力剥夺理论，以 A-F 指数为基本分析框架测度城镇住户多维贫困。该方法利用"双界线"法来识别贫困。首先设定多维贫困的维度，然后设定判断样本为贫困的维度界限值，此步骤内嵌双重界限：一是识别样本在各维度是否被剥夺，二是通过样本被剥夺的维度数识别样本是否为多维贫困（王春超、叶琴，2014）。按此思路，令观测样本家庭数为 n，样本观测矩阵为 $X_{n,d}$，其中 $x_{i,j}$ 表示家庭 i 在维度 j 上的取值，$i=1$，2，$\cdots$，n；$j=1$，2，$\cdots$，d。依据表 2-1 中的贫困剥夺临界值（其高低决定样本家庭在该维度的贫困判定及贫困的深度）对样本观测矩阵进行赋值，得到贫困剥夺矩阵 $G_{n,d}$。

$$X_{n,d}=\begin{bmatrix} x_{11} & x_{12} & \cdots & x_{1d} \\ x_{21} & x_{22} & \cdots & x_{2d} \\ \vdots & \vdots & \ddots & \vdots \\ x_{n1} & x_{n2} & \cdots & x_{nd} \end{bmatrix} \qquad G_{n,d}=\begin{bmatrix} g_{11} & g_{12} & \cdots & g_{1d} \\ g_{21} & g_{22} & \cdots & g_{2d} \\ \vdots & \vdots & \ddots & \vdots \\ g_{n1} & g_{n2} & \cdots & g_{nd} \end{bmatrix}$$

接下来，根据公式（2-3）测算出样本家庭在至少 k 个维度处于贫困时贫困维度的总和 $c_{ij}(k)$。其中，$k=1, 2, \cdots, d$。并由公式（2-4）得到多维贫困剥夺个体数矩阵 $Q_{n,d}$。

---

① 设定这 2 条"贫困标准"的另一目的是便于在后续研究中与城镇居民进行对比分析。作为一种尝试，这可供其他研究者借鉴和参考。

② 5 079=（3.1÷2.3）×2 855×1.32。式中，"3.1"指世界银行 3.1 美元贫困标准；"2 855"指 2015 年中国的国家扶贫标准 2 855 元，按购买力平价方法计算，相当于每人每天 2.3 美元的贫困标准；而"1.32"指城镇与农村之间的转换系数。此算法源自国家统计局。

$$c_{ij}(k) = \begin{cases} \sum\limits_{j=1}^{d} g_{ij}, & \sum\limits_{j=1}^{d} g_{ij} \geqslant k \\ 0, & \text{其他} \end{cases} \qquad (2-3)$$

$$q_{ij}(k) = \begin{cases} 1, & c_{ij}(k) > 0 \\ 0, & \text{其他} \end{cases} \qquad (2-4)$$

$$Q_{n,d} = \begin{bmatrix} q_{11}(1) & q_{12}(2) & \cdots & q_{1d}(d) \\ q_{21}(1) & q_{22}(2) & \cdots & q_{2d}(d) \\ \cdots & \cdots & \cdots & \cdots \\ q_{n1}(1) & q_{n2}(2) & \cdots & q_{nd}(d) \end{bmatrix}$$

再利用公式（2-5、2-6、2-7）计算多维贫困指数 M（表示贫困人口群体综合贫困状况）、多维贫困发生率 H（表示贫困个体多维贫困状况）和平均剥夺份额 A（表示贫困深度）。通过比较各地区样本家庭多维贫困发生率和多维贫困指数，从中找出最贫困的地区。

$$M(k) = H(k) \cdot A(k) \qquad (2-5)$$

其中：
$$H(k) = \sum_{i=1}^{n} q_{ij}(k) \Big/ n, \qquad (2-6)$$

$$A(k) = \sum_{i=1}^{n} c_{ij}(k) \Big/ \sum_{i=1}^{n} q_{ij}(k) \cdot d \qquad (2-7)$$

此外，还可由公式（2-8）测算出各个维度对多维贫困的贡献率，以便为政府部门精准识别、选择重点扶贫维度提供科学依据。其中，ω_j 表示维度 j 在多维贫困测度中所占的权重。虑及各维度在衡量城镇住户生存状况的重要程度相近，因此各维度用等权重测算。

$$I_j = (\omega_j / d) \cdot (H_j / M) \qquad (2-8)$$

在参考牛津大学贫困与人类发展研究中心研发的多维贫困指数（MPI）的基础上，再综合考虑学界多维贫困指标变量的选取标准、城镇住户的贫困现状以及相关数据的可获得性，本章择定了 3 个方面共 10 个维度，以反映城镇住户的福祉水平。

表 2-1　维度、权重及剥夺临界值

方面	维度	剥夺临界值
教育 (1/3)	教育质量 (1/3)	家中至少有 1 人未上过小学且没有人上过专科、本科或研究生＝1，否则＝0
健康 (1/3)	人员健康 (1/3)	家中有 1 个及以上生活不能自理或不健康但生活能自理的人＝1，无＝0

（续）

方面	维度	剥夺临界值
生活（1/3）	住房类型（1/24）	非钢筋混凝土、砖混材料和砖瓦砖木（结构）＝1，否则＝0
	户外路面（1/24）	无水泥、柏油、沙石、石板等硬质路面＝1，否则＝0
	饮用水（1/24）	无安全性（不存在"经过净化处理的自来水、受保护的井水和泉水、桶装水、饮用水经过集中净化处理或主要饮用水水源没有化学污染"等情况）或无便利性（存在"单次取水往返时间超过半小时；间断或定时供水；当年连续缺水时间超过16天"等情况）＝1，否则＝0
	卫生厕所（1/24）	无水冲式卫生厕所和卫生旱厕或者本户不能独用厕所＝1，否则＝0
	沐浴设施（1/24）	无洗澡设施＝1，否则＝0
	炊用能源（1/24）	柴草或煤炭＝1，否则（如液化石油气、煤气、天然气、电等清洁能源）＝0
	资产数量（1/24）	无家用汽车且家用电器（彩色电视机、空调、热水器、计算机）最多拥有一项＝1，否则＝0
	通信通讯（1/24）	未接入有线电视、互联网移动电话和计算机＝1，否则＝0

注：括号中的数字为权重。

（二）数据来源

本章所用样本数据源自国家统计局2015年8个省份（自治区、直辖市）的城镇住户抽样调查，采取的调查方法是分层、二阶段、与大小成比例（PPS）的随机等距法。所得样本可分为两类住户（表2-2）：一是狭义上的城镇住户Ⅰ，仅指有城镇户籍的住户（城镇原居民），共4632户；二是广义上的城镇住户Ⅱ，包含城镇住户Ⅰ和进城定居的进城务工农民家庭（新增城镇人口），共6594户。

表2-2　城镇住户样本分布

区域	城镇住户Ⅰ		城镇住户Ⅱ	
	样本数（户）	占比（%）	样本数（户）	占比（%）
东部地区（天津、江苏）	963	20.79	1593	24.16

（续）

区域	城镇住户Ⅰ		城镇住户Ⅱ	
	样本数（户）	占比（%）	样本数（户）	占比（%）
中部地区（江西、湖南）	878	18.96	1 230	18.65
西部地区（内蒙古、云南、陕西）	1 709	36.90	2 344	35.55
东北地区（辽宁）	1 082	23.36	1 427	21.64
中国（合计）	4 632	100.00	6 594	100.00

四、结果分析与讨论

（一）绝对贫困与相对贫困

1. 收入或消费单维视角　由表 2-3 可知：其一，在既定的绝对贫困或相对贫困线下，中国及其四大区域城镇住户Ⅰ、Ⅱ的消费贫困发生率与收入贫困发生率之间均存在巨大偏差，缺乏一致性。不仅如此，此类偏差会随着贫困线的提高而拉大。从区域比较来看，西部地区城镇住户Ⅰ、Ⅱ的绝对收入贫困发生率与绝对消费贫困发生率的偏差均最大，而中部地区城镇住户Ⅰ、Ⅱ的相对收入贫困发生率与相对消费贫困发生率的偏差均最大。这可能意味着从收入或消费单一维度测算城镇住户绝对与相对贫困的方法有失片面（在中、西部地区尤甚），均无法反映城镇住户的贫困全貌。

其二，中国及其四大区域城镇住户Ⅰ、Ⅱ的相对贫困发生率（或消费贫困发生率）均远高于绝对贫困发生率（或收入贫困发生率）。其中，绝对收入贫困发生率未超过 2%，绝对消费贫困发生率在 2.70%～8.32%（集中在 5% 以上），相对收入贫困发生率在 5.71%～21.37%（集中在 10% 以上），相对消费贫困发生率在 35.20%～54.15%（集中在 40% 以上）。据此，参照贫困退出标准①，可认为当前中国城镇住户基本摆脱了绝对收入贫困，但存在一定程度的绝对消费贫困和严重的相对贫困（相对消费贫困尤甚）。

其三，中国及其四大区域城镇住户Ⅰ、Ⅱ的收入贫困敏感性均远大于消费贫困敏感性，意指城镇住户抵御外部收入不利冲击的能力远弱于抵御外部消费不利冲击的能力。在四大区域中，西部地区城镇住户Ⅰ、Ⅱ的消费贫困敏感性均最小于，中部地区城镇住户Ⅰ、Ⅱ的收入贫困敏感性均最大，东北地区城镇住户Ⅰ或Ⅱ的收入贫困敏感性与消费贫困敏感性之差均最小。可见，当遭遇外部收入或消费不利冲击时，中国城镇住户陷入收入贫困的风险大于消费贫困；

---

① 2016 年中办、国办印发的《关于建立贫困退出机制的意见》明确"贫困村或贫困县退出在原则上要求贫困发生率降至 2% 以下，西部地区可放宽至 3% 以下"。

在四大区域中，西部地区城镇住户陷入消费贫困的风险最小，中部地区城镇住户陷入收入贫困的风险最大，东北地区城镇住户陷入收入贫困与消费贫困的风险最接近。

表2-3 城镇住户收入或消费贫困发生率及贫困敏感性

区域	住户类型	绝对贫困线			相对贫困线			贫困敏感性		
		收入贫困发生率（%）	消费贫困发生率（%）	二者之差	收入贫困发生率（%）	消费贫困发生率（%）	二者之差	收入贫困发生率（%）	消费贫困发生率（%）	二者之差
中国	城镇住户Ⅰ	0.45	4.87	-4.42	11.78	45.87	-34.09	25.18	8.42	16.76
	城镇住户Ⅱ	0.79	6.47	-5.68	14.90	50.10	-35.20	17.86	6.74	11.12
	二者之差	-0.34	-1.60		-3.12	-4.23		7.32	1.68	
东部地区	城镇住户Ⅰ	0.31	2.70	-2.39	5.71	35.20	-29.49	17.42	12.04	5.38
	城镇住户Ⅱ	0.75	6.40	-5.65	11.61	45.13	-33.52	14.48	6.05	8.43
	二者之差	-0.44	-3.70		-5.90	-9.93		2.94	5.99	
中部地区	城镇住户Ⅰ	0.11	3.76	-3.65	10.48	48.52	-38.04	94.27	11.90	82.37
	城镇住户Ⅱ	0.41	5.85	-5.44	15.37	54.15	-38.78	36.49	8.26	28.23
	二者之差	-0.30	-2.09		-4.89	-5.63		57.79	3.65	
西部地区	城镇住户Ⅰ	1.11	5.09	-3.98	14.57	43.36	-28.79	12.13	7.52	4.61
	城镇住户Ⅱ	1.96	8.32	-6.36	21.37	50.26	-28.89	9.90	5.04	4.86
	二者之差	-0.85	-3.23		-6.80	-6.90		2.22	2.48	
东北地区	城镇住户Ⅰ	0.74	3.42	-2.68	10.81	44.92	-34.11	13.61	12.13	1.48
	城镇住户Ⅱ	1.89	6.38	-4.49	17.31	51.65	-34.34	8.16	7.10	1.06
	二者之差	-1.15	-2.96		-6.50	-6.73		5.45	5.04	

2. **收入与消费联合视角** 在既定贫困标准下，将"是否收入贫困"与"是否消费贫困"交互组合，可形成选择性贫困（收入高于贫困线而消费支出低于贫困线）、次级贫困（收入低于贫困线而消费支出高于贫困线，也称暂时性贫困）和双重贫困（收入、消费支出均低于贫困线，也称持久性贫困）3种新的贫困类型（李实、John Knight，2002）。由此得到表2-4所示结果。

首先，在绝对贫困或相对贫困线下，中国及其四大区域城镇住户Ⅰ、Ⅱ的选择性贫困发生率均远高于次级贫困发生率和双重贫困发生率。其中，绝对选择性贫困发生率与相对选择性贫困发生率分别在2.70%～7.42%（集中在3%以上）和30.37%～40.16%，绝对与相对次级贫困发生率分别集中在1%以下和2%以下，绝对双重贫困发生率未超过1%，相对双重贫困发生率在4.67%～

19.24％（集中在9％以上）。据此参照前述贫困退出标准，中国城镇住户基本摆脱了次级贫困和绝对双重贫困，以相对双重贫困和选择性贫困为主。

其次，无论绝对贫困抑或相对贫困层面，中国及其四大区域城镇住户Ⅰ的选择性贫困发生率、次级贫困发生率及双重贫困发生率基本低于城镇住户Ⅱ。这说明中国广义上的城镇住户选择性贫困、次级贫困和双重贫困均比狭义上的城镇住户同类贫困更严重，其原因在于乡村为城镇"贡献"了大量进城务工农民家庭，加剧了前述3种贫困。

表2-4　城镇住户收入与消费二维贫困发生率及贫困敏感性

| 区域 | 住户类型/贫困类型 | 绝对贫困线 | | | 相对贫困线 | | | 选择性贫困敏感性（倍） | 次级贫困敏感性（倍） | 双重贫困敏感性（倍） |
		选择性贫困发生率（％）	次级贫困发生率（％）	双重贫困发生率（％）	选择性贫困发生率（％）	次级贫困发生率（％）	双重贫困发生率（％）			
中国	城镇住户Ⅰ	3.69	0.41	0.26	33.27	1.34	9.74	8.02	2.27	36.46
	城镇住户Ⅱ	6.35	0.74	0.62	34.68	1.65	15.36	4.46	1.23	23.77
	二者之差	−2.66	−0.33	−0.36	−1.41	−0.31	−5.62	3.55	1.04	12.69
东部地区	城镇住户Ⅰ	2.70	0.31	0	30.53	1.04	4.67	10.31	2.35	—
	城镇住户Ⅱ	6.03	0.38	0.38	34.90	1.38	10.23	4.79	2.63	25.92
	二者之差	−3.33	−0.07	−0.38	−4.37	−0.34	−5.56	5.52	−0.28	—
中部地区	城镇住户Ⅰ	3.64	0	0.11	39.41	1.37	9.11	9.83	—	81.82
	城镇住户Ⅱ	5.77	0.33	0.08	40.16	1.38	13.98	5.96	3.18	173.75
	二者之差	−2.13	−0.33	0.03	−0.75	−0.01	−4.87	3.87	—	−91.93
西部地区	城镇住户Ⅰ	4.56	0.59	0.53	30.37	1.58	12.99	5.66	1.68	23.51
	城镇住户Ⅱ	7.42	1.07	0.90	31.02	2.13	19.24	3.18	0.99	20.38
	二者之差	−2.86	−0.48	−0.37	−0.65	−0.55	−6.25	2.48	0.69	3.13
东北地区	城镇住户Ⅰ	3.23	0.55	0.53	35.30	1.20	9.61	9.93	1.18	52.39
	城镇住户Ⅱ	5.47	0.98	0.91	35.74	1.40	15.91	5.53	0.43	16.48
	二者之差	−2.24	−0.43	−0.73	−0.44	−0.2	−6.3	4.40	0.75	35.91

最后，总体上中国城镇住户Ⅰ、Ⅱ的双重贫困敏感性最大，选择性贫困敏感性次之，次级贫困敏感性最小。而且，中国及其西部、东北地区城镇住户Ⅰ的双重贫困敏感性、选择性贫困敏感性和次级贫困敏感性均大于城镇住户Ⅱ，

仅中部地区城镇住户Ⅰ的双重贫困敏感性远小于城镇住户Ⅱ。据此可得，当遭遇外部收入、消费或二者联合不利冲击时，中国城镇住户陷入双重贫困的风险远大于陷入选择性贫困和次级贫困的风险；中国及其西部、东北地区狭义城镇住户陷入双重贫困、选择性贫困和次级贫困的风险比广义城镇住户大；中部地区广义城镇住户陷入双重贫困的风险比狭义城镇住户大。

（二）多维贫困

1. n 维贫困发生率　由表2-5可知中国及其四大区域城镇住户Ⅰ、Ⅱ的十维脱贫率（十个指标中无一指标处于被剥夺状态，或称零维贫困发生率）、n 维（$1 \leqslant n \leqslant 8$）贫困发生率及对比情况。

第一，中国城镇住户Ⅰ、Ⅱ的十维脱贫率分别为73.39%、68.47%。其中，东部地区城镇住户Ⅰ、Ⅱ的十维脱贫率均为80%左右，依序高于中部（约72%）、东北（约65%）和西部地区（约61%）。此外，中国及其四大区域城镇住户Ⅰ的十维脱贫率高于城镇住户Ⅱ。其中，中部地区城镇住户Ⅰ与Ⅱ的十维脱贫率相差最小，东部地区相差最大。以上说明了2点：一是中国城镇住户的十维脱贫率远高于总体贫困（n 维贫困发生率之和），其中，西部与东北地区城镇住户的十维脱贫率均低于中国平均水平；二是中国特别是东部地区进城务工农民家庭拉低了城镇住户的十维脱贫率。

第二，中国城镇住户Ⅰ、Ⅱ的最高贫困维数分别为七维和八维，且地区差异明显。其中，西部与东北地区城镇住户Ⅰ、Ⅱ的最高贫困维数均分别为七维和八维，东部地区分别为五维和六维，中部地区最低，分别只到四维和五维。而且，中国及其四大区域城镇住户Ⅱ的最高贫困维数比城镇住户Ⅰ高1~2个维数。由此得出2点：一是城镇住户多维贫困的最高维数与地区经济发达程度并不必然成反比；二是广义城镇住户贫困的最高维数大于狭义城镇住户贫困，即广义城镇住户被剥夺的宽度（方面）比狭义城镇住户更广。

第三，随着贫困维数的渐次提高，不仅城镇住户Ⅰ、Ⅱ在相应维数的贫困发生率总体上均呈下降趋势，而且城镇住户Ⅱ与Ⅰ在相应维数的贫困发生率之差也呈缩小之势。在四大区域中，东北地区城镇住户Ⅰ、Ⅱ的一维贫困发生率均高于其他地区，西部地区城镇住户Ⅰ、Ⅱ的三维至七维贫困发生率均高于其他地区。这说明了3点：一是城镇住户贫困的维数越高，相应维数的贫困程度越小；二是狭义与广义城镇住户贫困的差距更多体现在低维贫困，而非高维贫困；三是相比其他区域，东北地区城镇住户的一维贫困最严重，西部地区城镇住户的三维至七维贫困最严重。

表 2-5 城镇 n 维贫困发生率（%）

贫困维数		中国			东部地区			中部地区			西部地区			东北地区		
		城镇户I	城镇户II	二者之差	城镇户I	城镇户II	二者之差	城镇户I	城镇户II	二者之差	城镇户I	城镇户II	二者之差	城镇户I	城镇户II	二者之差
十维脱贫率	0	73.39	68.47	4.92	86.28	79.16	7.12	74.49	71.35	3.14	64.13	58.08	6.05	67.14	62.92	4.22
n 维贫困发生率	1	14.65	15.5	-0.85	9.96	12.18	-2.22	15.98	16.97	-0.99	15.82	15.79	0.03	17.70	18.26	-0.56
	2	4.99	6.72	-1.73	1.93	4.56	-2.63	4.79	6.29	-1.5	6.70	8.69	-1.99	7.06	7.83	-0.77
	3	3.26	4.12	-0.86	1.35	3.22	-1.87	2.66	3.04	-0.38	5.47	6.10	-0.63	3.59	4.14	-0.55
	4	2.43	3.12	-0.69	0.46	0.69	-0.23	2.08	2.11	-0.03	4.07	6.02	-1.95	3.3	4.09	-0.79
	5	0.87	1.33	-0.46	0.02	0.15	-0.13	0	0.24	-0.24	2.49	3.11	-0.62	0.95	2.09	-1.14
	6	0.33	0.55	-0.22	0	0.04	-0.04	0	0	0	1.09	1.67	-0.58	0.17	0.48	-0.31
	7	0.08	0.16	-0.08	0	0	0	0	0	0	0.23	0.49	-0.26	0.10	0.14	-0.04
	8	0	0.02	-0.02	0	0	0	0	0	0	0	0.04	-0.04	0	0.04	-0.04
n 维贫困发生率	合计	26.61	31.53		13.72	20.84		25.51	28.65		35.87	41.92		32.86	37.08	

2. **多维贫困测算及分解** 按国际学界一般研究经验，选取 0.4（以 0.5 为参照）作为测度城镇多维贫困的贫困剥夺临界值（表 2-6）。在贫困剥夺临界值取 0.4、0.5 时，中国及其四大区域城镇住户 I 的多维贫困指数和多维贫困发生率均低于城镇住户 II。其中，中部地区城镇住户 I、II 的多维贫困指数和多维贫困发生率基本小于其他地区，且两类住户之间的多维贫困指数之差与多维贫困发生率之差均小于其他地区；对比之下，西部地区的情况则正好相反。这说明 2 点：一是总体上，中国广义城镇住户的多维贫困状况比狭义更严重；二是四大区域中，中部地区的广义与狭义城镇住户的多维贫困状况均最轻微且最相近，西部地区的广义与狭义城镇多维贫困最严重且相差最大。

表 2-6 城镇多维贫困估计结果

区域	住户类型	剥夺临界值：0.4			剥夺临界值：0.5		
		多维贫困指数	多维贫困发生率（%）	平均剥夺份额（%）	多维贫困指数	多维贫困发生率（%）	平均剥夺份额（%）
中国	城镇住户 I	0.016	3.1	52.8	0.010	1.6	61.8
	城镇住户 II	0.024	4.5	54.1	0.016	2.5	62.7
	二者之差	-0.008	-1.4	-1.3	-0.006	-0.9	-0.9
东部地区	城镇住户 I	0.011	1.7	63.8	0.009	1.3	68.6
	城镇住户 II	0.020	3.5	55.7	0.013	1.9	66.1
	二者之差	-0.009	-1.8	8.1	-0.004	-0.6	2.5
中部地区	城镇住户 I	0.009	1.8	47.1	0.002	0.3	69.4
	城镇住户 II	0.011	2.2	49.2	0.004	0.6	68.5
	二者之差	-0.002	-0.4	-2.1	-0.002	-0.3	0.9
西部地区	城镇住户 I	0.020	3.7	53.7	0.014	2.3	59.4
	城镇住户 II	0.033	5.9	55.2	0.024	3.8	61.3
	二者之差	-0.013	-2.2	-1.5	-0.010	-1.5	-1.9
东北地区	城镇住户 I	0.022	4.4	49.9	0.010	1.6	61.0
	城镇住户 II	0.028	5.3	52.5	0.016	2.5	62.2
	二者之差	-0.006	-0.9	-2.6	-0.006	-0.9	-1.2

分区域将城镇住户的多维贫困指数按 10 个指标分解，结果如表 2-7 所示。在 0.4、0.5 的贫困剥夺临界值下，值得注意的是，健康、教育两方面总体上对中国及其四大区域城镇住户 I、II 多维贫困指数的贡献率均大于生活方面的贡献率。从两类住户对比来看，健康方面对中国及其四大区域城镇住户 I 的多维贫困指数的贡献率都大于对城镇住户 II 的多维贫困指数的贡献率，生活方面的情况正相反，教育方面则因区域和贫困剥夺临界值不同而呈差异性表

现。另外，相比教育和生活方面，健康方面对城镇住户Ⅰ、Ⅱ的多维贫困指数的贡献率之差最大。以上说明狭义与广义城镇住户的多维贫困状况及其差距均集中体现在健康方面。

表 2-7　城镇住户多维贫困指数中各指标的贡献率（%）

剥夺临界值	维度	指标	中国		东部		中部		西部		东北	
			城镇住户Ⅰ	城镇住户Ⅱ	城镇住户Ⅰ	城镇住户Ⅱ	城镇住户Ⅰ	城镇住户Ⅱ	城镇住户Ⅰ	城镇住户Ⅱ	城镇住户Ⅰ	城镇住户Ⅱ
0.4	教育	教育质量	26.7	35.4	45.7	47.0	13.3	25.1	28.1	39.1	20.9	22.5
	健康	人员健康	52.1	41.6	49.0	38.5	70.7	57.7	46.5	34.7	55.7	51.8
	生活	住房类型	0.4	0.5	0	0	0.6	0.6	0.8	0.9	0	0
		户外路面	0.9	1.5	0	0.8	0.6	1.3	1.5	2.0	0.7	1.3
		饮用水	0.9	1.1	0.8	0.4	0	0.6	0.8	1.3	1.4	1.6
		卫生厕所	4.6	5.4	2.4	4.9	3.3	3.4	6.1	6.1	3.8	4.8
		沐浴设施	5.3	4.9	0.4	2.1	2.8	2.8	5.7	5.3	7.5	7.2
		炊用能源	3.5	3.5	0.4	2.7	1.7	2.5	4.5	4.2	2.6	3.1
		资产数量	4.5	4.1	0.4	2.0	5.0	4.4	4.2	3.9	6.4	6.1
		通信	1.4	2.1	0.8	1.6	2.2	1.6	1.7	2.6	1.0	1.7
		合计	21.1	23.1	5.3	14.6	16.0	17.2	25.3	26.2	23.5	25.7
0.5	教育	教育质量	35.5	40.2	48.6	47.2	48.0	48.7	30.9	40.5	32.1	31.3
	健康	人员健康	45.1	37.0	48.6	42.3	48.0	41.7	43.5	32.7	45.0	41.7
	生活	住房类型	0.5	0.5	0	0	0	0	0.9	0.9	0	0
		户外路面	1.3	1.9	0	0.6	0	0.9	1.8	2.3	1.6	2.2
		饮用水	1.0	1.3	0.9	0.4	0	0.9	0.9	1.4	1.6	1.9
		卫生厕所	4.4	5.1	1.4	3.3	0	1.7	6.0	6.0	4.4	5.4
		沐浴设施	3.9	4.3	0	1.6	0	0.9	5.1	4.9	5.2	6.0
		炊用能源	3.6	3.7	0	0	0	2.6	5.3	4.5	3.6	4.1
		资产数量	3.5	3.7	0	1.4	2.0	1.7	4.2	4.1	5.2	5.4
		通信	1.3	2.3	0.5	1.6	2.0	0.9	2.4	2.8	1.2	2.0
		合计	19.5	22.8	2.8	10.6	4.0	9.6	25.6	26.8	22.9	27.0

五、结论与政策建议

本章从广义与狭义上对中国城镇住户贫困进行了测度与分析，得出以下主要结论：城镇住户基本摆脱了绝对收入贫困、绝对双重贫困以及次级贫困；当遭遇外部不利冲击时，城镇住户陷入收入贫困的风险大于陷入消费贫困的风险，陷入双重贫困的风险远大于陷入选择性贫困和次级贫困的风险；在四大区域中，中部地区城镇住户陷入收入贫困的风险最大，西部地区城镇住户陷入消费贫困的风险最小，东北地区城镇住户陷入收入贫困与消费贫困的风险最相近。城镇住户在被剥夺程度较严重的维度上具有明显的区域差异；城镇住户多维贫困的维数越高，其贫困发生率越小；城镇住户多维贫困的最高维数与地区经济发达程度并不必然成反比；健康与教育维度贫困是造成城镇住户多维贫困的主要因素。分广义与狭义考察，广义城镇住户被剥夺的维度比狭义城镇住户更多；广义上城镇住户的选择性贫困、次级贫困、双重贫困和多维贫困均比狭义上严重；广义与狭义城镇住户的多维贫困差距在维数上主要取决于低维贫困，在维度上主要取决于健康；此外，中部地区城镇住户的多维贫困最轻微且在广义与狭义上最相近，西部地区的情况正相反。

就前述研究内容与主要结论而言，其政策含义如下：第一，创新社会保障制度，进一步扩大城镇需要保障的居民和群体范围，将进城务工农民等城镇新增人口纳入保障范围，增强城镇住户尤其是进城务工农民家庭抵御致贫风险冲击（如患病、受到伤害、失业等）的能力。第二，尽快确立城镇多维贫困标准及其监测指标体系。虽然各地城镇根据地区经济发展水平和政府财力制定了差别化低保线，但这并非真正意义上的能够真实反映城镇贫困状况的标准。而且，中国城镇扶贫处于"九龙治水"状态，民政部、劳动和社会保障部、住房和城乡建设部等均出台了城镇贫困治理政策，但迄今尚无高效可行的城镇扶贫政策体系，更缺乏统一的城镇贫困标准。随着扶贫工作重点由农村向城乡统筹转变，今后亟待构建一个多维度的城市贫困监测指标体系。第三，重点瞄准进城务工农民及其子女教育维度的贫困，加快建立健全进城务工农民继续教育体系和进城务工农民子女就学保障机制。第四，重点瞄准城镇住户健康维度的贫困，进一步完善城镇居民医疗保障体系和进城务工农民卫生服务供给机制。

专题二：

贫困县戴帽

第三章

国家级贫困县"帽子"的"棘轮效应"
——基于全国 2 073 个区县的实证研究

一、引言

作为一种社会资源分配方式，国家级贫困县政策是我国政府最重要的反贫困政策，其设立标志着区域扶贫政策开始向国定贫困县倾斜（岳希明等，2007；徐彦平，2014）。为有效解决农村贫困问题，缩小地区差距，国务院扶贫办自 1986 年启动扶贫开发战略并确定 331 个国家级贫困县以来，又相继进行了 3 次"扩充—微调—双管齐下"的渐进式调整，即 1994 年（592 个）、2001 年（592 个）和 2011 年（832 个，含扶贫重点县或片区县）。其间，选择"贫困县"作为政府扶贫主战场，主要缘于 5 点原因：一是早期农村贫困人口相对集中，绝大多数分布于 664 个国家和省级贫困县。例如，2001 年认定的所有扶贫重点县包含了中国 60％以上的贫困人口（国务院扶贫办，2003；都阳、蔡昉，2005）。二是减缓区域贫困（贫困县的贫困）和群体贫困（农村人口的贫困）可以同步进行。三是县具有行政区划和地理条件合二为一的特点，有利于政策自上而下执行和县域内资源整合（郑风田、普蕈喆，2011）。四是前期县级留存的数据、资料相对较全且易于瞄准，而更小的扶贫单位瞄准成本高且可操作性差。再者，在扶贫资源约束和提高减贫效益目标下，将分散资金集中投入至贫困重点县可冲击其原有经济增长模式，从而改变当地贫困状况。由于国家级贫困县是指由国务院扶贫办经过考核认定并能获得从国家到地方各类财政拨款和援助的贫困县区，而非字面意义上的国内最穷县，因此，国家级贫困县如何从数千个县级单位中产生，一直是相关政策研究极为关注的重要问题，在此基础上，以往国家级贫困县"帽子"或身份是否并且在多大程度上影

注：本章内容曾于 2016 年发表于《中国农业大学学报（社会科学版）》（第 4 期）。

响新一轮国家级贫困县的认定，更是一项亟待和值得深入研究的课题。但是，迄今学界鲜有学者专门撰文对国家级贫困县"帽子"的"棘轮效应"作系统的质化或量化分析（尤其缺少）。文中"棘轮效应"乃中性概念，意指普通候选县戴上国定贫困县"帽子"后由于一种或诸种原因在相当程度上具有不可逆转性，即国家重新调整贫困县名单时，这类县易于延续既有贫困县身份（存在路径依赖性），而较难退出。

从历史文献资料来看，国内外以国家级贫困县为研究对象的学术专论为数不多，且侧重以下内容：一是入选国家扶贫重点县的决定因素，可大致分为经济因素（如人均纯收入、人均谷物产量、总收入中工业份额及人均 GDP 等）、政治因素（如是否革命老区或少数民族地区等）和地理位置因素（如西部地区、边疆地区或山区地带等）（Park et al.，2002；李文、汪三贵，2004；Park and Wang，2010；张彬斌，2013）。二是国家级贫困县确定、推行及调整中存在的问题或负面效应。例如，贫困县功能泛化和扩大化、评定指标与数据来源可争议、相关标准和程序不够透明、政策路径依赖明显、虚假申报致资源分配不公、扶贫瞄准精度下降、资金"跑冒滴漏"严重以及出现"滞（等靠要）、阔（穷摆阔）、乱（富县戴穷帽）、怕（摘帽成罪人）、浮（人浮于事）"等怪象（徐彦平，2014；郑风田、普蕈喆，2011；吴国宝，2011；马致平，2011）。三是国家级贫困县政策的减贫成效。对此问题，学者间形成了两种近乎对立的观点：一种认为贫困重点县的扶贫政策或资金投入能明显改善当地落后面貌并促进农民增收（刘冬梅，2001；陈凡、杨越，2003；汪三贵，2008；帅传敏等，2008；姜爱华，2008）；另一种认为贫困县瞄准的"低命中率"与"高漏出量"现象突出（张新伟，1999；江华，2002；汪三贵等，2007），而且县域内扶贫项目仅使较为富有的农户家庭受益，并未提高贫困户的收入和消费水平（Park and Wang，2010；李小云等，2015）。与以往研究相比，本章力图减少主观价值判断，以客观事实为依据，通过构建从全局到局部的样本空间和分类型、分区域的对比分析框架，基于分县数据实证检验并测算比较全国及不同地区国家级贫困县"帽子"的"棘轮效应"。这既有助于从根源上对其存在性、程度大小（含类型差别）、区域差异、内在机理及成因进行系统梳理、深入认识和准确把握，为各级政府扶贫部门的政策制定或制度安排提供重要信息和参考依据，也有益于从研究视角、研究内容和研究设计等方面发展已有文献，在总结扶贫实践经验中体现贫困治理理论价值，以期为后续相关研究作铺垫。

二、研究设计

（一）模型、变量和方法

本章旨在通过分析"八七"[①]扶贫重点县身份对最新扶贫重点县、集中连片特困县或双重贫困县（同时是最新扶贫重点县和集中连片特困县）评定的影响来考察国家级贫困县"帽子"的"棘轮效应"。为此，构造如下计量经济学方程：

$$Npcounty_i = \alpha_{ij} pcounty\_87 + \beta_{ij} X_1 + \beta_{ij} X_2 + \beta_{ij} X_3 + \mu_{ij} \quad i = 1, 2, 3$$

$$(3-1)$$

式（3-1）中，$Npcounty_1$、$Npcounty_2$ 和 $Npcounty_3$ 分别表示是否最新扶贫重点县、集中连片特困县以及双重贫困县。$pcounty$-87 表示是否"八七"扶贫重点县，是文中关注的核心变量。$X_1 \sim X_3$ 是参照以往文献和相关理论选取的一组控制变量，其中，X_1 表示社会历史特征，主要出于政治、历史因素的考虑，包括是否革命老区县、是否少数民族县两指标；X_2 表示人口地理特征，如乡村从业人数、是否中部地区、是否西部地区、是否丘陵地区、是否山区以及是否边疆县等；X_3 表示资源与经济水平特征，包括人均耕地面积、农民人均纯收入和县人均 GDP，后两指标取自国家贫困重点县测定的"631 指数法"[②]。各变量说明见表 3-1。

表 3-1　变量释义、赋值及描述性统计

	变量	变量含义及赋值	均值	标准差	预期影响方向
因变量	是否最新扶贫重点县	2011 年，否=0，是=1	0.325	0.013	
	是否集中连片特困县	否=0，是=1	0.333	0.013	
	是否双重贫困县	否=0，是=1	0.211	0.408	
核心变量	是否"八七"扶贫重点县	1994—2000 年，否=0，是=1	0.275	0.447	＋
控制变量	是否革命老区	否=0，是=1	0.104	0.008	＋
	是否少数民族县	否=0，是=1	0.353	0.013	＋
	是否边疆县	否=0，是=1	0.070	0.007	－

[①] "八七"：对当时全国农村 8 000 万贫困人口的温饱问题，力争用 7 年左右的时间（1994—2000 年）基本解决。

[②] "631 指数法"：贫困人口（占全国比例）占 60%权重（其中绝对贫困人口与低收入人口各占 80%与 20%比例）；农民人均纯收入较低的县数（占全国比例）占 30%权重；人均 GDP 低的县数、人均财政收入低的县数占 10%权重。

（续）

变量		变量含义及赋值	均值	标准差	预期影响方向
控制变量	是否中部地区	否＝0，是＝1，以东部地区为参照	0.237	0.012	＋
	是否西部地区	否＝0，是＝1，同上	0.493	0.014	＋
	是否丘陵地区	否＝0，是＝1，以平原地区为参照	0.284	0.012	＋
	是否山区地带	否＝0，是＝1，同上	0.466	0.014	＋
	农民人均收入	2010 年，数值变量（取对数）	8.492	0.011	－
	人均 GDP	2010 年，数值变量（取对数）	9.699	0.018	－
	乡村从业人数	2010 年，数值变量（取对数）	2.652	0.026	＋/－
	人均耕地面积	2010 年，数值变量（取对数）	6.802	0.024	＋

注：尽管集中连片特困县 2011 年公布，最新扶贫重点县 2011 年底调整（2012 年初公布），但这两类贫困县的择定依据是 2010 年的数据资料。

鉴于因变量是取值为 0 或 1 的虚拟变量，因此拟用 probit 模型和 logit 模型。其中，Probit 回归建立在正态分布理论基础上，其模型应用形式为：

$$P(Y=1|X)=P(Y^*>0|X_1, X_2, \cdots, X_i)$$
$$=\varnothing(\beta_0+\beta_1 X_1+\beta_2 X_2+\cdots+\beta_i X_i) \quad (3-2)$$

式（3-2）中，Y 是实际观测到的因变量，$Y=1$ 代指最新扶贫重点县、集中连片特困县或双重贫困县，而 $Y=0$ 表示否；Y^* 是不可观测的潜变量，$\varnothing(\cdot)$ 表示标准正态分布的累计分布函数；X_1，X_2，X_i 为影响因素；β_0，β_1，β_2，$\cdots$，β_i 为待估系数。

与 Probit 模型不同，Logit 模型建立在逻辑分布理论基础上，其基本形式为：

$$P = \mathrm{prob}(Y=1|X) = \frac{1}{1+e^{-\sum X\beta}} \quad (3-3)$$

作线性变换后可得：$\ln(P/(1-P)) = \sum X\beta$，式中符号含义同前。为便于稳健性检验和直观解释模型估计结果，同时运用 Probit 模型和 Logit 模型进行回归，并给出各自变量的边际效应，意指在其他变量取均值时，某自变量每变动一单位对因变量处于某状态的概率有多大影响。

（二）数据来源与样本特征

文章数据采自公开统计资料，包括《中国县（市）社会经济统计年鉴》《中国区域经济统计年鉴》、中国经济与社会发展统计数据库以及《中国农村贫困监测报告》等，后经整理形成一个 2010 年含 2 073 个样本区县（覆盖内陆

31 省区、直辖市）的截面数据。其中，"八七"扶贫重点县 571 个①（缺失 21 个①），占 27.54%；最新扶贫重点县 583 个（缺失 9 个②），占 28.12%；集中连片特困县 668 个（缺失 12 个③），占 32.22%；双重贫困县有 438 个（缺失 2 个④），占 21.23%；非贫困县 1 260 个，占 60.78%。

表 3-2 显示了样本县的构成与分布特征：（1）"八七"扶贫重点县、最新扶贫重点县、集中连片特困县以及双重贫困县都主要集聚在中、西部地区，且西部占比最高；（2）革命老区县大多数处于中、西部地区（以中部为主），且被认定为国家级贫困县的比例也比东部地区高；（3）丘陵县基本在东、中部地区（以东部为主），但其中国家级贫困县多在中、西部；（4）山区县、边疆县以及民族县主要分布在中、西部地区，尤以西部为主，其中民族县、山区县被择定为国家级贫困县的比例相对更高。

表 3-2　样本县的基本构成与特征（个）

	样本县总数	八七扶贫重点县	最新扶贫重点县	集中连片特困县	双重贫困县	非贫困县	历史地理自然特征				
							革命老区县	丘陵县	山区县	边疆县	民族县
全国	2 073	571	583	668	438	1 260	230 (101)	671 (90)	923 (369)	124 (36)	624 (252)
东部	558	76	44	22	16	508	39 (7)	265 (22)	192 (42)	2 (0)	25 (14)
中部	609	144	171	153	112	397	128 (52)	216 (31)	217 (75)	24 (2)	37 (14)
西部	906	351	368	493	310	355	63 (42)	187 (37)	514 (252)	98 (34)	562 (224)

注：革命老区县是指境内 90% 以上的乡、镇属于革命老区的县区；丘陵县、山区县均以国家统计局的定义为准；边疆县指部分区域处于国界线上；民族县即少数民族聚居县；括号内为"八七"扶贫重点县个数。

---

① "八七"扶贫重点县共 592 个，缺失的 21 个区县是：安徽六安，江西宁冈，河南信阳、卢氏，湖北宁可，海南通什，重庆五桥区、天城区，四川黔江、嘉陵，宁夏固原，甘肃定西、平川，陕西铜川、安康、延安和榆林，云南东川、昭通、中甸和临沧。

② 最新扶贫重点县共 592 个，缺失的 9 个区县是：安徽颍东、裕安，重庆万州、黔江区，四川嘉陵区，云南东川，陕西印台、汉滨，甘肃麦积区。

③ 集中连片特困县共 680 个，缺失的 12 个区县是：重庆黔江区，四川巴州区、元坝区，甘肃北道区，陕西汉滨区，青海冷湖行委、大柴旦行委、茫崖行委，贵州西秀区，云南隆阳区，西藏城关区、双湖办事处。

④ 双重贫困县共 440 个，缺失的 2 个区县是重庆黔江区和四川朝天区。

三、实证计量分析

(一) 推断性统计：关联分析

本研究首先采用列联分析揭示"八七"扶贫重点县身份与能否入选最新扶贫重点县（或集中连片特困县、双重贫困县）之间是否存在某种关联性，并测算其强弱和方向。研究假设如下：H_0：是否"八七"扶贫重点县与是否最新扶贫重点县（或集中连片特困县、双重贫困县）无关；H_1：是否"八七"扶贫重点县与是否最新扶贫重点县（或集中连片特困县、双重贫困县）相关。在列联分析中，测度相关程度的系数有 Φ 系数、列联系数和 Cramer's V 系数，前者仅适用于 2×2 列联表，而后二者适用于大于 2×2 的列联表，本章采用 Φ 系数。当 $\Phi=1$ 表明变量 X 与 Y 完全相关，$\Phi=0$ 表明变量 X、Y 之间相互独立，Φ 系数越接近于 1，表明变量 X 与 Y 越相关，Φ 系数越接近于 0，表明变量 X 与 Y 越不相关（Agresti，1996）。其中，$\Phi \geqslant 0.8$ 时两变量高度相关；$0.5 \leqslant \Phi < 0.8$ 时两变量中度相关；$0.3 \leqslant \Phi < 0.5$ 时两变量低度相关；$\Phi < 0.3$ 时相关程度极弱。

经卡方检验和 Φ 相关系数测算后发现（表 3-3），在全国及不同地区，最新扶贫重点县、集中连片特困县和双重贫困县中属于"八七"扶贫重点县的比重均超过一半，但这些地区的集中连片特困县中属于"八七"扶贫重点县的占比均远低于最新扶贫重点县和双重贫困县中的同类占比；此外，所有皮尔逊卡方值均极显著，这表明候选县是否有"八七"扶贫重点县身份与能否入选最新扶贫重点县（或集中连片特困县、双重贫困县）存在显著相关；不仅如此，变量是否"八七"扶贫重点县与是否最新扶贫重点县或双重贫困县基本呈中度相关，与是否集中连片特困县总体呈低度相关。

表 3-3　交叉列联表卡方检验与关联程度测量

地区	变量	类别	最新扶贫重点县		集中连片特困县		双重贫困县	
			否	是	否	是	否	是
全国	"八七"扶贫	否	1 372	130	1 219	283	1 422	80
	重点县	是	118	453	186	385	213	358
	皮尔逊 χ^2（Φ 系数）		1.0e+03*** (0.70)		447.14*** (0.46)		817.14*** (0.63)	
革命老区	"八七"扶贫	否	120	9	104	25	121	8
	重点县	是	18	83	32	69	33	68
	皮尔逊 χ^2（Φ 系数）		133.48*** (0.76)		56.14*** (0.49)		95.66*** (0.65)	

（续）

地区	变量	类别	最新扶贫重点县		集中连片特困县		双重贫困县	
			否	是	否	是	否	是
非革命老区	"八七"扶贫	否	1 218	119	1 082	255	1 267	70
	重点县	是	100	367	153	314	179	288
	皮尔逊 χ^2（Φ系数）		853.94*** (0.69)		371.85*** (0.45)		692.99*** (0.62)	
民族地区	"八七"扶贫重	否	323	49	204	168	341	31
	点县	是	44	208	57	195	74	178
	皮尔逊 χ^2（Φ系数）		298.43*** (0.69)		64.09*** (0.32)		261.78*** (0.65)	
汉族地区	"八七"扶贫重	否	1 015	79	982	112	1 047	47
	点县	是	74	242	128	188	138	178
	皮尔逊 χ^2（Φ系数）		670.85*** (0.69)		355.14*** (0.50)		494.97*** (0.59)	
边疆地区	"八七"扶贫重	否	77	11	62	26	86	2
	点县	是	5	31	9	27	11	25
	皮尔逊 χ^2（Φ系数）		61.81*** (0.71)		21.57*** (0.42)		67.68*** (0.74)	
内陆地区	"八七"扶贫重	否	1 261	117	1 124	254	1 302	76
	点县	是	113	419	176	356	201	331
	皮尔逊 χ^2（Φ系数）		938.79*** (0.70)		415.08*** (0.47)		735.95*** (0.62)	
东部地区	"八七"扶贫重	否	471	11	475	7	480	2
	点县	是	43	33	61	15	62	14
	皮尔逊 χ^2（Φ系数）		152.96*** (0.52)		57.95*** (0.32)		76.42*** (0.37)	
中部地区	"八七"扶贫重	否	417	48	403	62	441	24
	点县	是	21	123	53	91	56	88
	皮尔逊 χ^2（Φ系数）		307.03*** (0.71)		145.31*** (0.49)		229.33*** (0.61)	
西部地区	"八七"扶贫重	否	484	71	341	214	501	54
	点县	是	54	297	72	279	95	256
	皮尔逊 χ^2（Φ系数）		459.85*** (0.71)		145.21*** (0.40)		381.61*** (0.65)	
平原地区	"八七"扶贫重	否	378	25	362	41	389	14
	点县	是	42	73	72	43	78	37
	皮尔逊 χ^2（Φ系数）		191.33*** (0.61)		48.78*** (0.31)		83.02*** (0.40)	

（续）

地区	变量	类别	最新扶贫重点县		集中连片特困县		双重贫困县	
			否	是	否	是	否	是
丘陵地区	"八七"扶贫重	否	482	72	343	211	499	55
	点县	是	53	316	68	301	86	283
	皮尔逊 χ^2（Φ系数）		479.63***	(0.72)	169.55***	(0.43)	425.38***	(0.68)
山区地带	"八七"扶贫重	否	546	35	547	34	568	13
	点县	是	23	67	47	43	50	40
	皮尔逊 χ^2（Φ系数）		283.01***	(0.65)	134.84***	(0.45)	190.83***	(0.53)

注：括号内是Φ系数，带"***"的是皮尔逊卡方值，表示在1‰置信水平显著，余下数值均是各类型县数量（个）。对于2×2的列联表，每个单元中的期望频数都要大于5，否则就要使用Fisher精确检验。经计算，本列联表不存在此种问题。

（二）计量分析结果

列联表是基于单因素的分析，未控制其他因素的影响。为更准确分析核心变量的影响效应，需进一步采用计量回归分析。而在此之前，检验多重共线性问题不可或缺。通常检验自变量多重共线性有多种方法，如相关系数法、矩阵法和方差膨胀因子法。经计算，全样本自变量间的相关系数最大为0.73（人均 GDP 与农民人均纯收入高度相关），高于存在共线性的门槛值0.70（Lind et al.，2002）。因此，预设模型存在多重共线性的可能性较大。为处理这一问题，本章利用逐步回归筛选、剔除引起多重共线性的变量，结果如表3-4所示。

核心变量是否"八七"扶贫重点县对因变量是否最新扶贫重点县、集中连片特困县或双重贫困县均有极显著正向影响。详言之，相比普通县，有"八七"扶贫重点县身份的候选县入选最新扶贫重点县、集中连片特困县和双重贫困县的概率分别高39%、13%、13%[①]。

除核心变量外，影响最新扶贫重点县、集中连片特困县和双重贫困县择定的共同因素还有是否革命老区、农民人均纯收入、人均 GDP 以及乡村从业人数。其中，革命老区县入选以上3种国家级贫困县的概率分别比非革命老区县高10%、21.5%和6%，这体现了中央政府对此类县的政策性照顾。农民人均纯收入每提高1个百分点，候选县入选3种国家级贫困县的概率分别约降低0.63%、0.41%和0.12%。人均 GDP 每提高1个百分点，候选县入选3种国

---

① 此处取 Probit 模型和 Logit 模型估计的边际效应均值，再转换成百分比，即（40%＋38%）/2＝39%，（14%＋12%）/2＝13%，（15%＋11%）/2＝13%。下同。

家级贫困县的概率依次约下降 0.11%、0.31% 和 0.08%。这暗含着候选县的农民收入和经济水平越高，入选国家级贫困县的可能性越低。乡村从业人数每增加 1 个百分点，候选县入选最新扶贫重点县、双重贫困县的概率分别约提高 0.06% 和 0.02%，而入选集中连片特困县的概率约下降 0.04%，其原因可能是片区特困候选县的乡村从业人员[1]中非农就业人数占比较大。

此外，上述 3 种国家级贫困县的认定还受其他不完全相同的因素影响。其中，少数民族县入选最新扶贫重点县、集中连片特困县的概率分别比汉族县高 8% 和 6.5%；人均耕地面积每增加 1 个百分点，候选县入选最新扶贫重点县的概率提高 0.07%。边疆县入选集中连片特困县的概率比内陆县低 8%；西部地区县入选集中连片特困县、双重贫困县的概率分别比中西部地区县高 18% 和 3%；山区地带县入选集中连片特困县、双重贫困县的概率分别比平原、丘陵地区县高 14.5% 和 2.5%。

表 3－4　全样本国家级贫困县"帽子"的"棘轮效应"（逐步回归法）

自变量	最新扶贫重点县		集中连片特困县		双重贫困县	
	Probit	Logit	Probit	Logit	Probit	Logit
是否"八七"扶贫重点县	0.40***	0.38***	0.14***	0.12***	0.15***	0.11***
是否革命老区	0.11*	0.09*	0.21***	0.22***	0.07**	0.05**
是否少数民族县	0.09***	0.07**	0.07*	0.06*		
是否边疆县			−0.09***	−0.07***		
是否西部地区			0.19***	0.17***	0.03***	0.03***
是否山区地带			0.16***	0.13***	0.03***	0.02***
农民人均纯收入	−0.66***	−0.60***	−0.43***	−0.38***	−0.12***	−0.11***
人均 GDP	−0.11***	−0.10***	−0.33***	−0.28***	−0.08***	−0.07***
乡村从业人数	0.06***	0.06***	−0.04**	−0.03**	0.02***	0.01***
人均耕地面积	0.07***	0.07***				
LR chi2（n）	1 129.27***	1 134.80***	1 113.16***	1 119.32***	1 036.28***	1 034.26***
Pseudo R－sq	0.672	0.675	0.656	0.660	0.695	0.694

注：表中仅汇报估计的边际效应，稳健性标准差予以省略；*、**、***分别表示在 10%、5% 和 1% 的置信水平上显著，下同。

　　区域差异始终是经济学和地理学研究的热点问题（潘竟虎、贾文晶，

---

　　① 乡村从业人员是指乡村人口中 16 岁以上实际参加生产经营活动并取得实物或货币收入的人员，不包括户口在家的在外学生、现役军人、丧失劳动能力者、待业人员以及家务劳动者。

2014）。为考察地区特性和差异性，下文基于式（3－1）根据研究需要通过调整相关自变量衍生出多个"子"计量方程式①，然后对各分样本采用逐步回归法得到表3－5所示结果。从中可知，核心变量在各子模型中均影响显著，抑或在按不同标准划分的地区中"八七"扶贫重点县身份对最新扶贫重点县、集中连片特困县和双重贫困县的评定均有或强或弱、或大或小的显著作用。这意味着国家级贫困县身份或"帽子"的棘轮效应存在区域差异（含组内和组间差异），而此空间格局主要由自然禀赋、区位条件、人口结构、发展历史以及政治文化背景不同所致。

在革命老区，相比普通候选县，有"八七"扶贫重点县身份的候选县入选最新扶贫重点县、集中连片特困县和双重贫困县的概率分别高45.5%、39.5%和46.5%。同样，在非革命老区，有"八七"扶贫重点县身份的候选县入选以上3种国家级贫困县的概率分别比普通候选县高36%、12%、11.5%。对比上述入选概率来看，革命老区国家级贫困县"帽子"的棘轮效应约是非革命老区的1.26～4.04倍，其主要原因之一是党和国家出于对这类地区历史贡献的政治考虑，具体体现在政策上倾斜和优待。

在少数民族地区，有"八七"扶贫重点县身份的候选县入选3种国家级贫困县的概率分别比普通候选县高61%、20%和28%。在汉族地区，相较于普通候选县，该地具有"八七"扶贫重点县身份的候选县入选3种国家级贫困县的概率分别高22%、7%和8%。据此计算，民族地区国家级贫困县"帽子"的棘轮效应约是汉族地区的2.77～3.5倍。对此现象，除少数民族地区更贫穷落后因素外，还可从响应国家民族政策、加快民族地区发展和实现共同繁荣的角度解释。

在边疆地区，与普通候选县相比，有"八七"扶贫重点县身份的候选县入选3种国家级贫困县的概率依次高64%、35%和43%。在内陆地区，有"八七"扶贫重点县身份的内陆候选县入选3种国家级贫困县的概率分别比普通候选县高36%、14%和13.5%。两地相比，边疆地区国家级贫困县"帽子"的棘轮效应约是内陆地区的1.78～3.16倍。

在东部地区，有"八七"扶贫重点县身份的候选县入选3种国家级贫困县的概率比普通候选县依序高14.5%、5%和6%。在中部地区，相较普通候选县，该地有"八七"扶贫重点县身份的候选县入选3种国家级贫困县的概率分别高35.5%、15.5%和14.5%。在西部地区，有"八七"扶贫重点县身份的候选县入选3种国家级贫困县的概率分别比普通候选县高58.5%、24.5%和28%。其中，西部地区国家级贫困县"帽子"的棘轮效应平均约是东、中部地

① 受篇幅所限，不一一列举，读者若需要，可与作者联系。

区的 4.53 倍和 1.72 倍，而这可能是由地理位置、矿物资源、开放程度以及过去"不平衡"经济政策等因素所致。

在平原地区，与普通候选县相比，有"八七"扶贫重点县身份的候选县入选 3 种国家级贫困县的概率分别高 23％、6％和 7％。在丘陵地区，有"八七"扶贫重点县身份的候选县入选 3 种国家级贫困县的概率分别比普通候选县高39.5％、12％和 15％。在山区地带，相较普通候选县，有"八七"扶贫重点县身份的候选县入选 3 种国家级贫困县的概率分别高 61％、24％和 41.5％。相较而言，山区地带国家级贫困县"帽子"的棘轮效应平均约是平原、丘陵地区的 4.19 倍和 2.10 倍，对此可能的解释是不同地形类型的地区在交通便利性、耕地资源、与外界联通性以及商品规模化生产等方面差别巨大。

表 3-5　不同地区分样本国家级贫困县"帽子"的"棘轮效应"（逐步回归法）

地区/参数		最新扶贫重点县		集中连片特困县		双重贫困县	
		Probit	Logit	Probit	Logit	Probit	Logit
革命老区	dy/dx	0.46***	0.45**	0.39***	0.40***	0.46***	0.47***
	LR chi2 (n)	154.78***	156.48***	64.50***	48.08***	88.54***	68.20***
	Pseudo R-sq	0.826	0.835	0.428	0.431	0.561	0.560
非革命老区	dy/dx	0.37***	0.35***	0.14***	0.10***	0.13***	0.10***
	LR chi2 (n)	986.35***	990.06***	987.82***	992.22***	906.89***	904.29***
	Pseudo R-sq	0.662	0.665	0.657	0.660	0.697	0.695
民族地区	dy/dx	0.60***	0.62***	0.20***	0.20***	0.29***	0.27***
	LR chi2 (n)	410.46***	414.29***	205.01***	166.90***	462.85***	461.64***
	Pseudo R-sq	0.628	0.633	0.612	0.610	0.729	0.727
汉族地区	dy/dx	0.26***	0.18***	0.08***	0.06***	0.09***	0.07***
	LR chi2 (n)	645.77***	653.21***	579.01***	579.27***	502.85***	499.85***
	Pseudo R-sq	0.686	0.694	0.650	0.650	0.655	0.651
边疆地区	dy/dx	0.62***	0.66***	0.35*	0.36	0.44***	0.42**
	LR chi2 (n)	80.62***	82.72***	40.95***	36.13***	59.61***	43.08***
	Pseudo R-sq	0.637	0.654	0.653	0.649	0.653	0.649
内陆地区	dy/dx	0.37***	0.35***	0.15***	0.13***	0.15***	0.12***
	LR chi2 (n)	1 057.41***	1 062.04***	1 038.19***	1 044.49***	952.72***	951.22***
	Pseudo R-sq	0.682	0.685	0.659	0.663	0.692	0.691
东部地区	dy/dx	0.16**	0.13**	0.05**	0.05**	0.06*	0.06*
	LR chi2 (n)	70.50***	60.03***	46.11***	49.11***	48.14***	55.59***
	Pseudo R-sq	0.545	0.540	0.348	0.338	0.422	0.407

（续）

地区/参数		最新扶贫重点县		集中连片特困县		双重贫困县	
		Probit	Logit	Probit	Logit	Probit	Logit
中部地区	dy/dx	0.40***	0.31***	0.17**	0.14**	0.17**	0.12**
	LR chi2 (n)	245.56***	245.96***	194.16***	193.45***	188.65***	187.61***
	Pseudo R - sq	0.630	0.631	0.576	0.573	0.607	0.603
西部地区	dy/dx	0.58***	0.59***	0.24***	0.25***	0.29***	0.27***
	LR chi2 (n)	580.41***	584.89***	273.29***	228.34***	626.29***	624.38***
	Pseudo R - sq	0.642	0.647	0.613	0.610	0.718	0.715
平原地区	dy/dx	0.24***	0.22***	0.07*	0.05*	0.07**	0.07**
	LR chi2 (n)	213.09***	214.11***	78.52***	69.95***	91.03***	83.56***
	Pseudo R - sq	0.587	0.590	0.444	0.448	0.456	0.443
丘陵地区	dy/dx	0.41***	0.38***	0.14**	0.10**	0.16***	0.14**
	LR chi2 (n)	108.05***	79.51***	106.05***	83.29***	106.44***	94.83***
	Pseudo R - sq	0.522	0.524	0.477	0.469	0.522	0.514
山区地带	dy/dx	0.59***	0.63***	0.23***	0.25***	0.42***	0.41***
	LR chi2 (n)	597.31***	596.22***	553.50***	556.61***	594.74***	593.38***
	Pseudo R - sq	0.694	0.693	0.647	0.651	0.705	0.703

注：dy/dx 表示核心变量的边际效应；为节省篇幅，子模型中各变量的其他估计参数均予省略，下同。

（三）稳健性检验

每种统计计量方法均有各自特点、前提假设（或适用条件）和局限性，而同时选择数种方法对数据进行印证分析则显得极为必要。为检验上述结果的稳健性，除采用 probit 模型和 logit 模型两种方法外，还对国家"片区-重点"贫困县（最新扶贫重点县与集中连片特困县的并集）的全国及分区域样本进行逐步回归估计，得到与上文相似结论：国家级贫困县"帽子"具有显著"棘轮效应"和区域差异性，即全国及其不同地区有"八七"扶贫重点县身份的候选县入选国家"片区-重点"贫困县的概率相比普通县均要高且大小各异（表 3-6）。综上所述，本章核心结论稳健。

表 3-6　稳健性检验：替换研究对象类型

地区	国家"片区-重点"贫困县					
	Probit 模型			Logit 模型		
	dy/dx	LR chi2 (n)	Pseudo R^2	dy/dx	LR chi2 (n)	Pseudo R^2
全国	0.38***	1 318.61***	0.730	0.42***	1 329.14***	0.736

（续）

地区	国家"片区-重点"贫困县					
	Probit 模型			Logit 模型		
	dy/dx	LR chi2 (n)	Pseudo R^2	dy/dx	LR chi2 (n)	Pseudo R^2
革命老区	0.48***	29.79***	0.851	0.44***	47.42***	0.850
非革命老区	0.35***	1 162.69***	0.721	0.37***	1 169.96***	0.726
汉族地区	0.18***	766.50***	0.745	0.14***	774.61***	0.753
民族地区	0.24***	436.35***	0.709	0.21***	440.01***	0.715
内陆地区	0.42***	1 256.70***	0.750	0.37***	1 247.53***	0.745
边疆地区	0.50***	83.93***	0.651	0.51***	83.27***	0.646
东部地区	0.17***	69.24***	0.540	0.14**	57.99***	0.539
中部地区	0.29***	272.90***	0.672	0.25**	272.89***	0.672
西部地区	0.31***	646.41***	0.727	0.28***	648.82***	0.730
平原地区	0.26***	275.97***	0.699	0.23**	278.28***	0.704
丘陵地区	0.42***	77.43***	0.550	0.43***	88.20***	0.547
山区地带	0.44***	208.24***	0.614	0.44***	184.92***	0.613

（四）成因分析与扩展性讨论

前文从经验分析视角证实了国家级贫困县虽"戴帽"不易，但"摘帽"更难这一事实。但是，鉴于不同区域此种现象的致因或同或异、或综合或单一，因此，为避免重复论述和进行更深层次分析，特将国家级贫困县"帽子"产生"棘轮效应"的根源系统归纳如下：

第一，国家级贫困县"帽子"背后存在政治照顾性考虑和经济利益之争。一方面，体现在革命老区和少数民族地区贫困县同等条件下得到优先或特殊照顾；另一方面，体现在各县政府争相抢夺"贫困县之名"（内嵌大量扶贫资源）。根据 2016 年的扶贫政策，国家级贫困县可享受财政支持、税收减免、金融服务（如扶贫贴息贷款、小额信用贷款和残疾人康复扶贫贷款）、以工代赈、人才保障（西部计划）、外资扶贫、教育支持（雨露计划和高考定向招生）以及社会扶贫（包括定点扶贫、东西协作扶贫和社会组织、民间团体、私营企业扶贫活动）等方面好处。

以财政扶贫资金为例，2015 年中央财政预算安排扶贫资金补助地方部分高达 460.9 亿元，同比增长 8%。其中，发展资金 370.1 亿元，同比增长9.39%；少数民族发展资金 40 亿元，同比增长 4.68%；以工代赈资金 41 亿元，与上年持平；"三西"资金 3 亿元，未有变化；国有贫困林场扶贫资金

4.2 亿元，同比增长 16.67%；国有贫困农场扶贫资金 2.6 亿元，同比增长 8.33%①。另据国家统计局历年《中国农村贫困监测报告》② 数据，2002—2010 年期间，去除物价因素后，全国国定贫困县年县均扶贫资金由 0.42 亿元增至 1.26 亿元；若分摊到个人，所有国定贫困县中贫困人口年人均扶贫资金由 518.9 元增至 4 423 元。其中，2009 年是一个分水岭，国定贫困县贫困人口的人均投入扶贫资金开始反超 2011 年最新国家贫困线（年人均 2 300 元）；之后仅一年时间（财政扶贫支持力度空前），国定贫困县贫困人口的人均投入扶贫资金即超出了最新国家贫困线的 92.3%。

第二，未脱贫的国家级贫困县中不少属于扶贫攻坚"硬骨头"。随着扶贫开发向纵深推进，我国贫困发生率大幅下降，但即便如此，不少集中在生态环境脆弱、生存条件艰苦地区的国家级贫困县，其贫困广度、深度和强度仍然较大，而且县域贫困代际传递、两极分化、社会排斥等问题较为严重。因此，这些贫困县的脱贫发展仰赖国家长期鼎力扶持，难以毕其功于一役。以现存国家级"深度贫困县"（界定为农民年人均纯收入低于最新国家贫困线 10% 以上或少于 2 070 元的县）数量及其占比的地区分布为例（表 3-7），全国"深度贫困"的最新扶贫重点县、集中连片特困县、双重贫困县分别占各自样本总数的 4.80%、3.44% 和 5.02%。其中，"深度贫困"的 3 种国家级贫困县均分布在非革命老区（革命老区县的贫困因长期受惠于多种倾斜性政策已得到极大缓解），汉族地区"深度贫困"的 3 种国家级贫困县多于少数民族地区，内陆地区远多于边疆地区，中、西部地区远多于东部地区，以及平原与山区地带远多于丘陵地区。

表 3-7　收入视角下"深度贫困"国家级贫困县分布情况

地区		最新扶贫重点县		集中连片特困县		双重贫困县	
		数量（个）	占比（%）	数量（个）	占比（%）	数量（个）	占比（%）
农民年人均纯收入≤2 070 元	全国	28	4.80	23	3.44	22	5.02
	革命老区	0	0	0	0	0	0
	非革命老区	28	4.80	23	3.44	22	5.02
	汉族地区	18	3.09	13	1.95	12	2.74
	民族地区	10	1.72	10	1.50	10	2.28

---

① 数据来源：《中央财政全年 460.9 亿元扶贫资金全部下拨》（http：//news. xinhuanet. com/for-tune/2015—07/21/c_1115993640. htm）；《中央财政下拨 153 亿元扶贫资金支持农村扶贫开发》（ht-tp：//www. chinapolicy. net/bencandy. php？ fid - 34 - id - 40209 - page - 1. htm）。

② 数据来源：国家统计局住户调查办公室，2002—2011. 中国农村贫困监测报告［R］. 北京：中国统计出版社.

（续）

地区		最新扶贫重点县		集中连片特困县		双重贫困县	
		数量（个）	占比（％）	数量（个）	占比（％）	数量（个）	占比（％）
农民年人均纯收入≤2 070元	内陆地区	20	3.43	17	2.54	16	3.65
	边疆地区	8	1.37	6	0.90	6	1.37
	东部地区	1	0.17	1	0.15	1	0.23
	中部地区	14	2.40	9	1.35	8	1.83
	西部地区	13	2.23	13	1.95	13	2.97
	平原地区	10	1.72	8	1.20	7	1.60
	丘陵地区	4	0.69	2	0.30	2	0.46
	山区地带	14	2.40	13	1.95	13	2.97

第三，部分国家级贫困县处于不稳定或脆弱性脱贫边缘。此处不稳定或脆弱性脱贫是指贫困县各项指标实际值略高于预设脱贫标准，但易受外部冲击或内在因素影响而重新陷入贫困状态。尽管以县为单位的扶贫工作取得了巨大成绩，但还有些已达到脱贫标准的国家级贫困县特别是边境少数民族贫困县由于生态环境恶劣、自然灾害频繁、人口素质较低以及观念传统陈旧等诸多原因，县域并未形成支柱型产业（经济发展根基不稳）和持续有效的减贫机制或造富能力，而且境内农民"因病、因学、因灾返贫"现象难以彻底改变。所以，这类贫困县的外部依赖性较强，虽已扶上马，但仍需送一程。假定以农民年人均纯收入高出最新贫困线的10％以内（2 300～2 530元）作为国家级贫困县不稳定或脆弱性脱贫的边界，那么收入视域下"脆弱性脱贫未脱帽"的国家级贫困县分布情况如表3-8所示。据统计，2016年全国"脆弱性脱贫未脱帽"的最新扶贫重点县、集中连片特困县、双重贫困县分别占各自样本总数的5.15％、5.39％和5.94％。其中，"脆弱性脱贫未脱帽"的三种国家级贫困县主要分布在非革命老区、内陆地区、中西部地区或山区地带，民族地区"脆弱性脱贫未脱帽"的3种国家级贫困县多于汉族地区。

表3-8　收入视角下"脆弱性脱贫未脱帽"的国家级贫困县分布情况

地区		最新扶贫重点县		集中连片特困县		双重贫困县	
		数量（个）	占比（％）	数量（个）	占比（％）	数量（个）	占比（％）
2 300元≤农民年人均纯收入≤2 530元	全国	30	5.15	36	5.39	26	5.94
	革命老区	0	0	1	0.15	0	0
	非革命老区	30	5.15	35	5.24	26	5.94
	汉族地区	8	1.37	7	1.05	5	1.14

（续）

地区		最新扶贫重点县		集中连片特困县		双重贫困县	
		数量（个）	占比（%）	数量（个）	占比（%）	数量（个）	占比（%）
2 300元≤农民年人均纯收入≤2 530元	民族地区	22	3.77	29	4.34	21	4.79
	内陆地区	29	4.97	35	5.24	25	5.71
	边疆地区	1	0.17	1	0.15	1	0.23
	东部地区	2	0.34	2	0.30	2	0.46
	中部地区	8	1.37	7	1.05	4	0.91
	西部地区	20	3.43	27	4.04	20	4.57
	平原地区	4	0.69	5	0.75	3	0.68
	丘陵地区	0	0	0	0	0	0
	山区地带	26	4.46	31	4.64	23	5.25

第四，国家级贫困县动态评估体系缺乏且退出机制尚未明确。从历次调整时间的制度安排来看，国家级贫困县的评选周期较长（1986—1993年、1994—2000年、2001—2010年和2011—2020年），过去平均约隔7.33年一次。不仅如此，在很多地方，国家级贫困县的退出属于自愿，由它们自行申报"摘帽"。其结果使得不少依托自身自然资源、经济获得快速发展的国家级贫困县即使达到脱贫标准成为"小康县""百强县"，也不需或未能及时退出贫困县名单。当然，这也是一些地方发生"贫县不贫""戴穷帽过富日子"等怪象的重要原因。同上文，以农民年人均纯收入为标尺，可测算出全国及不同地区"稳定脱贫未脱帽"的国家级贫困县（农民年人均纯收入高出最新贫困线10%以上，即多于2 530元）数量和占比。表3-9显示，全国"稳定脱贫未脱帽"的最新扶贫重点县、集中连片特困县、双重贫困县分别占各自样本总数的86.62%、88.47%和84.93%。分不同地区来看，"稳定脱贫未脱帽"的3种国家级贫困县集中分布在非革命老区、内陆地区、西部地区或山区地带，但汉族地区与民族地区的这几类贫困县数量或占比均相差不大。

表3-9 收入视角下"稳定脱贫未脱帽"的国家级贫困县分布情况

地区		最新扶贫重点县		集中连片特困县		双重贫困县	
		数量（个）	占比（%）	数量（个）	占比（%）	数量（个）	占比（%）
农民年人均纯收入>2 530元	全国	505	86.62	591	88.47	372	84.93
	革命老区	91	15.61	92	13.77	75	17.12
	非革命老区	409	70.15	494	73.95	293	66.89
	汉族地区	285	48.89	272	40.72	200	45.66

（续）

地区		最新扶贫重点县		集中连片特困县		双重贫困县	
		数量（个）	占比（%）	数量（个）	占比（%）	数量（个）	占比（%）
农民年人均纯收入＞2 530元	民族地区	215	36.88	314	47.01	168	38.36
	内陆地区	472	80.96	545	81.59	353	80.59
	边疆地区	28	4.80	41	6.14	15	3.42
	东部地区	41	7.03	19	2.84	13	2.97
	中部地区	142	24.36	132	19.76	95	21.69
	西部地区	322	55.23	440	65.87	264	60.27
	平原地区	82	14.07	70	10.48	40	9.13
	丘陵地区	97	16.64	74	11.08	50	11.42
	山区地带	331	56.78	452	67.66	286	65.30

四、结论与政策建议

基于全国31个省（自治区、直辖市）2 073个样本区县，本章量化分析了"八七"扶贫重点县身份或"帽子"与最新扶贫重点县、集中连片特困县或双重贫困县评定之间的关系。结果发现：（1）最新扶贫重点县、集中连片特困县和双重贫困县认定的决定因素不完全相同，其共同影响因素包括"八七"扶贫重点县身份、农民人均纯收入、人均GDP、乡村从业人数以及革命老区县身份。（2）无论是否控制其他影响因素，全国或不同地区国家级贫困县"帽子"均存在显著的"棘轮效应"且有类型差别，即"八七"扶贫重点县身份可显著提高候选县入选最新扶贫重点县、集中连片特困县以及双重贫困县的概率，而且入选最新扶贫重点县的概率最大。（3）国家级贫困县"帽子"的"棘轮效应"存在地区差异。相比其他地区，革命老区、民族地区、边疆地区、西部地区和山区地带国家级贫困县"帽子"的棘轮效应更大。（4）不同地区国家级贫困县"帽子"的"棘轮效应"成因或同或异，但可大致归纳为4个方面：一是经济利益之争和政治考量；二是较多国家级贫困县仍处于深度贫困之中；三是不少国家级贫困县处于脆弱性脱贫边缘，尚未稳定；四是国家级贫困县调整周期过长，缺乏动态评估体系和退出机制。

针对上述研究结论尤其是问题致因，并结合中国政府提出到2020年7 000万农村人口脱贫和全部贫困县"摘帽"的目标，本章提出以下"精准定向、分类施策、急缓得当"等建议：第一，在现有国家级贫困县中，精准识别出国家级"稳定脱贫未脱帽"贫困县，并要求全部率先"摘帽"。第二，为保持政策延续性以巩固整县扶贫成果，对一些国家级"脆弱性脱贫"贫困县，在"摘帽"后 1～3 年内，中央和地方政府应坚守支持政策不变、力度不减的原则。第三，对那些在国家预定脱贫时间表内完不成扶贫任务、经济社会事业发展和农民收入水平继续扩大等多重目标的国家级"深度贫困"县，"摘帽"宜缓则缓，地方政府不要"一刀切"或为政绩刚性"摘帽"，可适时申请将其他已脱贫摘帽的国家级贫困县所腾退出的扶贫资源转移过来，以增加资本积累、集中力量加快突破此类地区贫困恶性循环和低水平均衡陷阱。

专题三：

交 通 减 贫

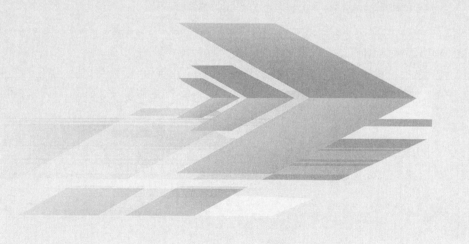

第四章

交通基础设施建设的
农村减贫效应

　　基础设施是社会赖以生存发展的一般物质条件，意指为社会生产和居民生活提供公共服务的物质工程设施，是用于保证国家或地区社会经济活动正常进行的公共服务系统。其既包括直接参与生产过程的交通运输、邮电通信、能源供给等公共设施，俗称物质或经济性基础设施，又囊括有利于形成人力资本、社会资本和文化资本的教育科技、医疗卫生、文化体育等社会事业，即社会性基础设施。早在1945年，著名经济学家张培刚[1]在其博士论文《农业与工业化》中，以"一系列基要生产函数的变化"定义工业化时，曾将基础设施包括在基要生产函数中，突出了基础设施在工业化进程中作为"社会先行资本"的地位和作用。其中，交通基础设施是政府公共投资的重要组成部分，通常指以公路、铁路、航空为主，水运、管道等为辅的综合交通运输网络。至于贫困问题，这是一个世界性的难题，其内涵经历了从收入贫困到能力贫困再至权利贫困的扩展。据印度著名贫困经济学家阿玛蒂亚·森在《贫困与饥荒——论权力与剥夺》一书中的定义，贫困不单纯是一种供给不足，而更多是缺少达到最低生活水准的能力。从1978年改革开放以来，中国政府不断加大扶贫开发力度，扶贫事业取得了巨大成就，农村贫困人口由2000年的9 422万减至2010年的2 688万，贫困发生率相应由10.2%降到2.8%。在此过程中，政府在基础设施建设方面的长期投入对减缓农村贫困发挥了不可忽视的推动作用，以工代赈便是其实例之一。数十年来，交通基础设施水平与贫困率关系的问题受到国内外政界、学术界的高度关注，并取得了大量有价值的研究成果。但是，由于分析视角和所占资料素材各异等原因，不少专家、学者在该领域的一些关键问题上还存在一定分歧和争议。为此，笔者对国内外有关交通基础设施建设农村减贫效应方面的重要文献进行系统回顾和整理，试图概要地厘清其核心内容和前沿成果，并作简要评述，同时探寻可进一步深入研究的切入点或方向。

　　注：本章内容曾于2013年发表于《贵州农业科学》（第12期）。

一、农村交通基础设施建设对减贫的作用

农村交通基础设施（尤其是乡村公路建设）对减贫的作用机理在于：一是对贫困地区和当地贫困农民的直接作用；二是拉动区域经济增长，从而通过涓滴效应对农村减贫起到间接作用。

（一）农村交通基础设施对减贫直接作用的不同代表性观点

第一种观点，学者们对其持明确积极的态度，肯定了交通基础设施对农村减贫具有十分明显的正效应。Hearn et al.（1990）从生产要素配置、农产品流通以及竞争性市场的形成等角度证实了道路基础设施的改善有利于提高整个贫困地区社会资源的合理有效配置。Jacoby（2000）认为，广阔的农村公路网会带来持续的收益，穷人可以分享到共同的财富。Roberts et al.（2006）观察到物理隔离是一个作用力很强的致贫因素，相比能获取足够社会经济服务的人，不能获取的更贫困且易被边缘化。第二种观点，一小部分机构和专家对其持"半否定"或质疑态度（Diego，2006；叶锐、王守坤，2011；Raballand et al.，2011；世界银行，2004）。世界银行研究报告（2004）指出，发展中国家的交通基础设施投资很难让农村贫困人口享受到真正实惠。当然，也有学者认为，交通基础设施与减贫之间的关系尚未得到经验证实，其实际减贫效果并不突显，原因是交通的通达性只是农村地区发展的一个影响因素，有时还不是最紧要的，甚或交通网络还可能引发地区间和地区内的不公平问题。

（二）农村交通基础设施对减贫间接作用的逻辑关系

农村交通基础设施对减贫的间接作用过程遵循"交通基础设施→经济增长→农村减贫"的递进式逻辑关系。

1. **交通基础设施对经济增长的作用** 研究交通基础设施与经济增长关系的文献历史悠久且卷帙浩繁，早在亚当·斯密时代，斯密（1983）就在其经济学巨著《国富论》中提及运输对社会分工、对外贸易和推动城市、地区经济繁荣所起的决定性作用，并指出交通改良是一切改良中最有实效的。马克思（2006）在《资本论》中也点明了航运、铁路对工业资本主义发展的促进作用。之后随着经济增长理论的深化、拓展，以及计量统计软件的广泛应用，该研究领域的研究成果大多采用理论与实证分析相融合的方法。查阅相关文献不难发现，交通基础设施与经济增长呈现长期稳定的均衡关系，并且交通基础设施的投入与发展对经济增长有良好的正向助推作用（库滋涅茨，1985；Demurger，2001；刘生龙、胡鞍钢，2010；宗刚等，2011），但是对于前者是不是后者的

格兰杰原因却存在争议。张学良、孙海鸣（2008）指出，经济增长是基础设施发展的格兰杰原因；杨帆、韩传峰（2011）和 Banerjee et al（2012）则认为交通基础设施是经济增长的格兰杰原因；张镝、吴利华（2008）借助误差修正模型和格兰杰因果关系检验发现，交通基础设施建设与经济增长在短期内表现为动态均衡，且二者之间存在双向因果关系，该结论与鞠晴江（2006）的研究结论一致。

2. **经济增长对农村减贫的影响或贡献** 经济增长与减贫一直是发展中国家、国际社会和经济学界普遍热衷的议题。可是，经济增长对减贫究竟有怎样的影响或多大的贡献，不少研究者利用减贫经济增长和减贫指数来衡量经济增长的减贫成效。Dollar and Karry（2002）、Kraay（2006）先后引证了经济增长是决定减贫战略落实的首要原因之一。汪三贵（2008）也指出，经济增长对减贫有两方面效应：一是直接效应，即为贫困人口提供更多、更好的就业和创收机会；二为间接效应，即增加政府财政收入，使其更有能力去扶危济困。倘若将贫困的变化分解为经济增长和收入分配因素，那么前者能解释短期贫困变化的 70% 和长期贫困变化的 95%（Kraay，2006）。与前述观点不同，王冰冰（2010）认为，经济增长并不一定带来贫困的减少，相反甚至会产生"马太效应"而拉大贫富差距，因为减贫不只依赖于经济增速，还受经济增长质量和增长性质（如收入分配）的制约。据 Huang and Rozelle（1996）测算发现，经济增长的涓滴效应在一定程度上只能有限地改善贫困人口的福利状况。

二、农村交通基础设施作用于减贫的渠道

交通基础设施主要通过 4 条可能的渠道消减农村贫困和隐性失业，即增加农村劳动力非农就业机会，提高贫困人口收入；降低农业生产、运输成本及城乡间劳动力转移成本；改善农村地区的交通可达性，转变社会服务的弱可获得性；促进境内旅游资源开发和农业产业结构调整。这 4 个方面的影响或通过直接的收入分配效应，增加贫困农户劳动力的就业、提高其工资；或凭借经济增长的渗漏效应，使贫困农户在经济发展的过程中间接受益，最终使贫困农户的实际可支配收入和消费支出均有所增加，以达到提升福利水平、减缓贫困的效果（高颖、李善同，2006）。

（一）增加农村劳动力非农就业机会，提高贫困人口收入

交通基础设施建设及其相关行业的发展对减贫的重要作用是创造更多的非农就业机会，尤其是为那些来自农村的低技能转移劳动力，而这正是一条直接增加贫困农户收入的有效途径。据有关专家分析，每建 1 km 铁路消耗劳动力

10 万个工作日，每 1 亿元公路投资的人工劳动投入量平均为 45 万个工作日（约相当于 2 000 个就业岗位），而为公路建设直接和间接提供产品的各部门，因公路投资相应带来的就业机会是公路建筑的 2.4 倍。朱玲（1990）对公路建设不同阶段的影响进行分析认为，公路建设不仅开辟了劳动力需求的巨大空间，而且丰富了当地参与人（特别是农村劳动力）的技术技能。与朱玲观点类似，樊胜根等（2002）和 Johnson（2004）也认为，农村公路投资可以扩大农民非农就业机会，加快农户脱贫致富步伐和缩小城乡居民收入的差距。

（二）降低农业生产、运输成本及城乡间劳动力转移成本

交通基础设施的建设和完善不仅节约了农产品生产与货物流通成本，提高了运输质量，而且便利了很多中西部地区贫困人口有机会转移到沿海地区和大中城市从事预期收入更高的工作。彭代彦（2002）基于湖北省的时间序列数据所进行的计量分析表明，农村道路等基础设施建设，在降低农业综合生产成本方面作用非常突出。吴国宝（2006）指出，贫困地区公路条件的改善有助于农户获得便利的运输服务而缩短运输时间，减少商品运输费用，而且通路农户和未通路农户之间在出省转移就业比例上存在明显差异（前者高于后者）。李胜文、闫俊强（2011）认为，农村公路运输的发展既缩短了市场距离，又缩减了物流成本和市场分割程度，使得交易效率迅速提高、交易成本随之下降。

（三）改善农村的交通可达性，转变社会服务的弱可获得性

交通可达性可理解为乘客在出发地可达范围内通过公共交通工具到达目的地的难易程度，如果交通线网能满足乘客出行需求，说明可达性较好（赵淑芝等，2005）。在国际社会通常用交通的农村可达性指数（RAI）来关注可达性和流动性对发展中国家减贫的催化剂作用，其是一个极其重要的交通运输标题指标。Grootaert and Calvo（2002）在评估农村公路的社会经济影响时指出，农村公路对加强农业推广服务、共享教育卫生优质资源以及深化城乡交流互动等具有现实意义。而 Walle and Cratty（2002）表示，农村道路改造工程会对社区福利资源和家庭生活水平发挥即期影响，如，增加社区的货运服务、节约就医时间、方便购物和存贷款等。Gibson and Rozelle（2003）用巴布亚新几内亚的家庭调查数据考察道路的可获得性对贫困的影响发现，人们到最近的硬化道路（或者到城市中心）所花费的时间越短，其陷入贫困境地的可能性越低。

（四）促进境内农业产业结构调整和乡村旅游资源开发

就当下国情而言，中国正在进行的农业结构调整不仅使公路交通需求不断

增加，而且对运输服务质量提出了更高要求。相反，交通运输业也影响农村经济战略性结构调整中的第二、第三产业，甚至是农业结构调整中种植、养殖业的规模和布局。在对河南省驻马店市和信阳市 7 个贫困县进行对比性案例分析后，董焰、樊桦（2004）认为，道路状况的改善极大地加快了境内农业产业结构的调整和乡村旅游资源的开发，使农村居民家庭可支配收入得以快速增长。吴国宝（2006）研究证实，通路农户的农业生产结构会发生实质性改变，主要表现在缩减粮食作物生产用地，增加经济作物和畜牧业生产用地，以及提高经济作物产品与畜产品的商品率。鞠晴江（2006）也通过实证检验估计得出，农村道路基础设施建设水平对于中国农业生产与非农生产均具有统计上的显著影响，并且在农业生产和非农生产增长上都展现了持续向好的规模经济效益。

三、农村交通基础设施减贫效应的实证分析结果

溯及 20 世纪 80 年代，国内外学者就开始思考地区公路交通基础设施对经济增长和收入分配的作用，并定性得出了交通网络能增进穷人福利这一事实。但是，限于当时测算技术匮乏和科学经验不足，经济学家很难从其他基础设施和国家政策的作用中分离出公路交通对农村发展或减缓贫困的单边影响。截至 20 世纪 90 年代，贫困问题再次引起了全社会反响，为更深入探究交通基础设施的减贫成效，很多学者收集了大量数据以精确量化交通基础设施建设对经济增长、农民收入变化的影响力。然而，由于评估方法、所用数据和各地情况不同，不同学者实证分析的结果不尽相同。从表 4-1 中可知，不同时期不同国家的交通基础设施建设总体上能显著降低农村贫困发生率，提高农民收入以及带动经济增长间接减贫。

表 4-1 交通基础设施的减贫效应估计比较

作者	估计年份	方法或模型	主要数据来源	研究结果
李文	2001—2004	倾向值匹配法	中国跟踪调研数据	道路项目使受益村贫困发生率约下降 19 个百分点，农户年人均纯收入增长 34%
毛圆圆等	1999—2008	多对数函数模型	中国省级数据	农村交通基础设施投资对农民收入的贡献率在 0.02～0.09
樊胜根等	1970—1997	联立方程模型	中国省级数据	道路密度对农户非农工资收入的产出弹性系数为 0.152
Balisacan	1980s—1990s	三阶段最小二乘	菲律宾省际数据	农村公路投资每增加 1%，农民年人均收入和分位数回归平均上升 0.32%

（续）

作者	估计年份	方法或模型	主要数据来源	研究结果
Aschauer	1948—1987	柯布-道格拉斯生产函数	美国时序数据	交通基础设施对经济增长的弹性为0.39
张学良	1993—2004	柯布-道格拉斯生产函数	中国省级数据	交通基础设施对经济增长的弹性值为0.056 3～0.205 8

四、建设"亲贫"式交通基础设施的政策措施

随着时代的变迁，交通基础设施早已被世界银行等国际机构作为减贫手段而广泛提倡。时下人们普遍认为，农村道路建设是带动农村发展和提高贫困地区生活水平的基础条件或关键因素，其意义不仅在于增加了有限的道路里程，而且更会对当地的产业发展、经济结构、农民收入、生活方式、教育、医疗保健乃至社会稳定等方面产生积极的影响（樊桦，2004）。对于如何建设"亲贫"式交通基础设施，基于现有研究结论的分析，可归纳、提炼出如下政策建议。

第一，在乡村振兴的基础设施投入策略中，应优先考虑修建更多的技术要求稍低、投资相对较少、与农户生产生活关系紧密的通村公路或自然村间的村内公路，尽可能缩短大部分农户距最近公路的距离，加大道路网的密度，力争在更短时间内集中有限资金以收到最佳减贫效果。

第二，由于交通基础设施对经济作用呈现滞后，故交通基础设施建设需保持适度超前，或在经济快速发展时期，交通投资速度应该大于经济增长速度。简言之，交通基础设施投资应以满足经济增长需要为根本原则，保持适宜的建设规模，以避免各种运输需求对经济增长造成的瓶颈效应。

第三，重点投资、建设经济欠发达地区的交通基础设施。鉴于中国地区基础设施水平同当地经济发展水平基本一致，如从公平角度考量，在当前及今后相当长时期内，要缩小欠发达地区基础设施水平与发达地区之间的绝对差距，政府基础设施投资须向中西部欠发达地区倾斜，实现区域平衡发展和基本公共服务均等化。

五、小结

综上所述，交通基础设施与农村减贫问题主要聚焦在农村交通基础设施减贫的作用机理、主要渠道、效应评估或度量以及如何最大化交通基础设施减贫

效应的政策建议等。显然，上述问题的厘清有助于明确未来"亲贫"式交通基础设施建设的必要性、可行性及其大政方针、最佳规模、结构安排、优先顺序、区域布局等。然而，迄今为止的研究尚存在以下空白或盲区：一是交通基础设施减贫的地区差异性探讨不足，由于东中西部情况迥异，各地处于不同发展阶段，因而可结合地方实情对比分析交通基础设施的减贫效果。二是不少文章仅限于对调研结果的描述性统计分析，未能深入挖掘数据背后的规律或事实。三是从计量经济模型层面的探析仍有亟待改进之处，如模型的缺省变量偏误、样本选择偏误、反向因果偏误等内生性问题。

未来学术界对交通基础设施与减贫的研究前景有 2 个方向值得探索：一是除公路或道路外，细化研究铁路、内河、管道等交通运输基础设施对地区经济的推动作用，并在借用相关最新成果的基础上，充分考虑区域特点与农户收入状况，给出不同类型的交通基础设施对减贫脱困更具现实解释力的分析框架。二是着力构建更加科学的测算指标，与此同时，设计严谨的调查问卷，提高样本的代表性和容量，并择定合适的估算方法，求证出各贫困地区交通基础设施投资的合理规模，使其投资结构得以进一步调整优化。

专题四：

扶 贫 项 目

第五章

"母亲水窖"项目对农户非农就业的影响评价
——基于倾向值匹配法（PSM）估计

一、引言及文献回顾

干旱缺水是一个世界性难题，淡水危机已逼近各国。据统计，全球有100多个国家存在着不同程度的缺水，其中28个国家被列为缺水国或严重缺水国。相比而言，我国也是一个严重缺水的国家，人均淡水资源仅为世界平均水平的1/4、在世界名列第121位，而且我国西部是地球上最干旱地区之一。为重点扶持西部干旱地区农户尤其是妇女摆脱因严重缺水导致的贫穷、疾病和落后，中国妇女发展基金会在中国妇联的领导下于2001年开始启动实施了一项集雨水窖工程或集中供水工程——"大地之爱·母亲水窖"慈善项目，其主旨是高举母爱旗帜，以女性为帮助对象，向社会募集善款，为西北缺水地区捐修混凝土水窖[①]，使妇女（甚至他人）能利用屋面、场院、沟坡等集流设施，尽可能高效地蓄积有限雨水，以供农村家庭一年的基本生产生活用水。十多年来，母亲水窖项目取得了令人瞩目的经济社会效益。截至2010年，中国妇女发展基金会共向以西部为主的23个省区市贫困干旱地区投入社会捐款2亿多元人民币，加上地方配套资金和群众自筹约4亿元人民币，共修建集雨水窖12万多口，小型集中供水工程1 300多处，近160多万群众受益（中国妇女发展基金会，2010）。到2012年年底，"母亲水窖"工程投入建设资金总量比2010年增加近1亿元，集雨水窖、小型集中供水工程和受益群众总数分别比2010年约增加1万口、200处、20万名。另据吴国宝等人（2010）实地调研证实，2001—2010年，"母亲水窖"项目的实施对农民增收消费、社区发展、公共卫生与健康、妇女发展以及县级妇联机构发展等方面均产生了显著的正向效应。

注：本章内容曾于2014年发表于《农业技术经济》（第4期）。

① 水窖，是指修建于地下的用以蓄积雨水的罐状（缸状、瓶状等）容器，属我国特定区域产生的特定名词。

　　然而，就历年有关"母亲水窖"项目的学术文献来看，数量极少且多为定性探讨、缺乏定量分析，而研究内容则集中在项目实施背景、基本情况和做法、经济社会效益、内部控制分析与评价、妇联组织能力建设、女性发展、水质状况以及专项基金利用的法律问题等。例如，邓国胜（2003）认为"母亲水窖"工程的实施对妇联能力建设作用明显，但具有一定差异性，即此工程对县级妇联能力的提升速度比乡、村级妇联能力更快，对妇联管理能力的提升作用比妇联自我评估与建立学习型组织的能力、基本资源的能力都要大。同样，陈方（2003）的调查结果也表明，"母亲水窖"工程实施效果显著，且主要表现在缓解农户饮水、用水难问题，改善农户卫生、健康条件，增加农户经济收益和发展机会，激发农户发家致富的希望与热情，促进农村精神文明建设以及提升妇联干部的社会形象。中国妇女发展基金会（2011）则对"母亲水窖"项目的做法和成效进行了总结，其中，基本做法包括合理设计项目模式、加大资金募集力度、认真组织项目落实、持续做好项目宣传推广、加强项目监督管理、积极调动各方力量、发挥妇联和妇女主体作用以及不断深化项目内涵8条；成效涵盖有效解放劳动力、改善农户生活与收入状况、提高妇女家庭及社会地位、改善受益群众卫生条件和健康水平、助推当地改善生活环境、促进受益社区发展与和谐5个方面。与前述观点和研究视角不同，蔺兴遥和周晶（2009）通过对甘肃不同地区水窖水质的抽样检测发现，窖水水质总体不合格，污染现象严重，其原因可能是选址不当、未清洗或清洗不及时、防护设施不完善、设计施工不合理以及未采取任何消毒措施等。宋胜菊和刘学华（2006）基于现代内部控制理论，分析评价了"母亲水窖"项目内部控制的控制环境、风险评估、控制活动、信息与沟通、监督等五要素，并针对既存问题提出了项目内部控制的改进建议。在参考以往文献资料基础上，本章以"母亲水窖"项目能有效释放农村剩余劳动力为前提假设，运用倾向值匹配法（PSM）定量评估了该项目对农户非农就业的净影响作用，填补了这方面的研究空白。

二、数据、变量和研究方法

（一）数据来源与样本特征

　　数据源自2010年10—11月中国社会科学院农村发展研究所"母亲水窖工程实施10年效果评估"课题组在我国西部干旱地区4省8县17乡镇开展的进村入户实地调研。根据妇基会建议，调查点择定在陕西、甘肃、广西和贵州（每个省区再选取2个县作为调查对象）。从母亲水窖项目实施情况看，陕西和甘肃的4个县以集雨水窖为主（其中甘肃2县增添了集中供水项目），广西和贵州的4个县以集中供水为主（其中广西东兰县还安排了集雨水窖项目）。因

（三）研究方法

倾向值匹配（propensity score matching，PSM）的提出是用以消除混杂因素所造成的选择性偏误，属于一种个体配比的方法，其核心思想是利用倾向值得分为处理组每个个体从对照组中挑选 N（$N=1$，2，3…）个特征条件相似甚或相同的个体与之匹配，其最终目标是使两组的协变量趋于均衡可比（李智文、任爱国，2010）。根据 Rosenbaum and Rubin（1985）的定义，农户受益于母亲水窖项目的倾向值得分为既定的条件下农户成为水窖项目受益户的概率，通常可由 logit 或 probit 模型估计获得。以 probit 模型为例：

$$P_{project}(X_i)=\text{Prob}(project=1|X_i)=\Phi(X_i) \qquad (5-1)$$

式（5-1）中，$P_{project}(X_i)$ 为农户受益于母亲水窖项目的倾向值得分或概率；$project$ 是示性变量或处理变量，若农户是母亲水窖受益户，则 $project$ 取值为 1，否则为 0；X_i 代表择定的匹配变量。据此获得倾向值得分后，我们便可选用适宜匹配法得到母亲水窖项目对农户非农就业影响的处理组平均干预效应（average treatment effect on the treated，ATT）：

$$ATT=E\{E[Y_{1i}|project=1，P_{project}(X_i)]-E[Y_{0i}|project=0，P_{project}(X_i)]\}$$
$$(5-2)$$

式（5-2）中 Y_{1i}、Y_{0i} 分别表示同一农户在处理组与不在处理组两种情形下的输出结果。

为检验估计效果稳健性，本章采取了最近邻匹配法（Nearest Neighbor Matching Method）、核匹配法（Kernel Matching Method）、分层匹配法（Stratification Method）和半径匹配法（Radius matching method）等 4 种不同类型匹配法对母亲水窖项目受益户与未受益户的倾向值得分进行匹配。在具体实际应用中，最近邻匹配法就是从未受益农户中为受益户寻找倾向值得分最接近的进行 1 对 1 或 1 对多配对；核匹配法则用所有未受益农户的平均权重为每个受益户组建匹配的对照组；分层匹配法是将水窖项目受益户与未受益户的共同支持域划分成数个区间，然后计算各区间内项目的平均影响概率，并以各区间受益户数量为权重对各区间的影响进行加权平均，最后获得项目的总体影响概率（甄静等，2011）；至于半径匹配法，其基本思想是预先设定一个卡尺 Caliper 参数（如 0.1、0.01、0.001），而后将所有满足未受益户与受益户之间倾向值得分差异小于规定卡尺标准的样本均纳为匹配对象（Lian 等，2011）。

三、实证研究

本章利用 STATA 12.0 统计软件进行分析，结果如下。

（一）匹配平衡检验

表 5 - 3 列出了匹配前母亲水窖项目受益户与未受益户基于匹配变量均值的对比情况。整体上看，母亲水窖项目受益户与未受益户在家庭抚养系数人均收入、人均生活消费支出、对饮水状况满意度、取水来回所需时间以及所在村是否水窖项目实施村等方面均存在显著差异。具体而言，在 1% 的显著性水平下，母亲水窖项目受益户的人均收入、人均生活消费支出、对饮水状况满意度以及所在村是否水窖项目实施村的均值都显著高于未受益农户，但水窖项目受益户的家庭抚养系数和取水来回所需时间均值却分别在 10%、1% 水平下显著低于未受益农户。当然，这同时也反映出了水窖项目受益户与未受益户在各匹配变量上的不平衡性。

表 5 - 3　水窖项目受益户与未受益户基于匹配变量的对比情况（匹配前）

匹配变量	处理组农户	对照组农户	两组均值之差	t 值	$P>t$
btlabor	0.64 (0.03)	0.75 (0.06)	−0.11* (0.06)	−1.73	0.08
vtotinco	4 022.12 (273.56)	2 222.61 (249.73)	1 799.51*** (473.20)	3.80	0.00
vcexsum	5 376.54 (351.67)	3 495.45 (424.89)	1 881.09*** (628.72)	2.99	0.00
wsat	4.15 (0.04)	2.70 (0.10)	1.45*** (0.09)	16.50	0.00
wtime	6.19 (1.23)	36.22 (3.49)	−30.03*** (2.93)	−10.24	0.00
project2	1.00 (0.00)	0.10 (0.02)	0.90*** (0.01)	63.96	0.00

注：括号内为标准差；***、**、*分别表示在 1%、5%、10% 水平下显著。

为使倾向值匹配结果更具可靠性和说服力，须满足"条件独立性假设"，即要求母亲水窖项目受益户与未受益户在匹配变量上无明显差异。若二者差异显著，则表明匹配变量（方法）选用不当，倾向值匹配估计趋于无效（曹亮王等，2012）。因此，只有在检验倾向值匹配的平衡性之后，才能报告并分析其匹配估计结果。沿用 Smith and Todd（2005）的研究方式，我们可通过计算匹配后母亲水窖项目受益农户与未受益农户基于各匹配变量的标准偏差进行匹配平衡性检验，在此，仅以匹配变量农户家庭抚养系数 btlabor 为例来说明。

母亲水窖项目受益农户与未受益农户基于家庭抚养系数变量的标准偏差为：

$$bias(btlabor) = \frac{100 \frac{1}{n} \sum\limits_{i \in (T=1)} \left[btlabor_i - \sum\limits_{j \in (T=0)} g(p_i, p_j) btlabor_j \right]}{\sqrt{\dfrac{var_{i \in (T=1)}(btlabor_i) + var_{j \in (T=0)}(btlabor_j)}{2}}}$$

$$(5-3)$$

前人研究经验认为，标准偏差愈小，匹配效果愈佳，但用于评判倾向值匹配估计是否有效的标准偏差"阈值"仍无统一标准（邵敏、包群，2011；邵敏，2012）。一般做法是查看匹配变量的标准偏差绝对值是否小于20，若是，则可认为倾向值匹配估计可靠，反之，则匹配效果不好（Rosenbaum and Rubin，1985）。为判断母亲水窖项目受益农户与未受益农户基于各匹配变量的均值差异是否显著以及检验匹配的效果优劣，笔者通过式（5-3）计算了所有匹配变量的标准偏差，并进行了 T 检验。结果如表 5-4 所示，6 个匹配变量的标准偏差绝对值都小于 20，可见本章倾向值匹配估计较为可靠。

表 5-4 最近邻匹配平衡检验（匹配后）

变量	均值		标准偏差（%）	标准偏差减少幅度（%）	T 检验相伴概率值
	处理组	对照组			
btlabor	0.64	0.66	−3.3	78.7	0.61
vtotinco	4 022.11	3 646.89	8.2	79.1	0.25
vcexsum	5 376.45	6 237.82	−13.3	54.2	0.03
wsat	4.15	4.03	12.0	91.2	0.01
wtime	6.19	4.10	5.6	93.0	0.21
Project2	1.00	1.00	0.0	100.0	0.00

此外，为进一步证实此匹配的合理性及有效性，笔者还给出了最近邻匹配法的匹配效果图（图 5-1），图中 A、B 子图依次显示了处理组与对照组匹配前后的倾向值得分的核密度函数。通过对比分析两子图可知，两组样本在匹配前的倾向值得分概率分布差异明显，若直接比较这二者间的输出变量差异，那其统计推断结果定然存在偏误（魏万青，2012）。反观匹配之后，两组样本倾向值得分的概率分布图几乎完全重合，这不仅说明了二者诸种特征已经非常接近，匹配效果比较理想，而且再次佐证了 Heckman 等（1997）曾提出的类似结论，即处理组与对照组的倾向值得分密度分布只有相互重叠，其匹配效果才能足够好。其他 3 种匹配法所得结果与之类似。

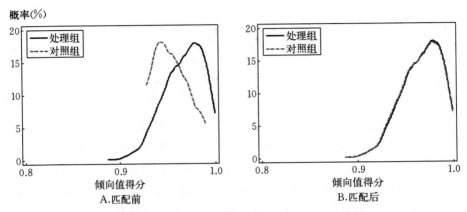

图 5-1 最近邻匹配前后处理组和对照组倾向值得分概率分布对比

（二）匹配结果分析

为使研究结果更具说服力，下文分别运用倾向值匹配中的最近邻匹配法、分层匹配法、半径匹配法以及核匹配法估计 8 个输出变量的平均处理效果值（ATT），这一过程同时也是从计量方法出发的稳健性检验。结果如表 5-5 所示。

表 5-5 4 种倾向值匹配法得到的平均干预效应

输出变量	最近邻匹配法 (ATT_1)	分层匹配法 (ATT_2)	半径匹配法 (ATT_3)	核匹配法 (ATT_4)	ATT 均值
labor2	0.079 (0.34)	0.223 (1.06)	0.224 (1.07)	0.223 (1.16)	0.19
labor3	0.299*** (2.94)	0.250*** (3.18)	0.250*** (3.17)	0.251*** (3.98)	0.26
labor23	0.378 (1.60)	0.473** (2.27)	0.473** (2.27)	0.473** (2.23)	0.47
flabor2	0.012 (0.09)	0.075 (0.64)	0.075 (0.63)	0.074 (0.69)	0.06
flabor3	0.116*** (6.81)	0.116*** (6.81)	0.116*** (6.81)	0.116*** (6.73)	0.12
flabor23	0.128 (0.96)	0.192 (1.62)	0.191 (1.61)	0.190 (1.49)	0.18

（续）

输出变量	最近邻匹配法（ATT_1）	分层匹配法（ATT_2）	半径匹配法（ATT_3）	核匹配法（ATT_4）	ATT 均值
mlmig	81.1** (2.15)	126.4*** (4.32)	127.0*** (4.34)	126.2*** (3.93)	115.18
flmig	45.6 (1.39)	63.0** (2.52)	62.8** (2.51)	61.1** (2.36)	62.30

注：括号内为 t 值；***、**、*分别表示在 1%、5%、10% 水平下显著；变量 labor23 和 flmig 的 ATT 均值都由分成匹配、半径匹配及核匹配法的 3 种显著性估计值平均而得；表中 4 种 psm 方法可依次在 stata 软件中通过 attnd、atts、attr 和 attk 命令实现。

结合前文并从表 5-5 中我们不难发现，虽然母亲水窖项目受益户和未受益户在诸种特征上存在异质性，但通过 PSM 方法消减或控制样本的选择性偏误后，母亲水窖项目对农户非农就业的影响非常显著。

1. 对农户家庭长期外出务工人数和男女劳动力外出务工天数的净影响
在 4 种匹配方法估计下，家庭外出务工超过 6 个月的人数及其中女性人数的 ATT 估计值均不显著，这说明母亲水窖项目在增加农户家庭长期外出务工人数及其女性人数方面无明显效果。从家庭劳动力外出务工天数来看，男劳动力外出务工天数的 4 种 ATT 估计值均在 1% 或 5% 水平显著，其中最小的为 81.1（最近邻匹配法），最大的为 127（半径匹配法），这表明在控制农户其他特征基本一致的前提下，母亲水窖项目至少使每户农户男劳动力外出务工天数约增加 81 天，最多可达 127 天，平均增加 115.18 天。对于女性劳动力外出务工的天数，在 4 种匹配法估计下，除最近邻匹配法外，其他 3 种匹配法下的 ATT 估计值都在 5% 水平上显著且平均为 62.3，这表明母亲水窖项目总体上使每户农户女劳动力外出务工天数平均增加约 62 天。

2. 对农户家庭长期本乡非农就业人数及其中女性人数的净影响 由表 5-5 可知，农户家庭在本乡非农就业超过 6 个月的人数及其中女性人数在 4 种匹配方估计下的 ATT 估计值都非常显著（1% 水平）。其中，农户家庭本乡非农就业人数的 ATT 估计值最小为 0.25，最大为 0.299，平均 0.26。这意味着在控制农户其他特征大致相同的前提下，母亲水窖项目至少使每户农户本乡非农就业人数增加 0.25 人，贡献率[①]为 83.3%（0.25*100%/0.3），最多可增加 0.299 人，贡献率为 99.7%（0.299*100%/0.3），平均增加 0.26 人，贡献率为 86.7%（0.26*100%/0.3）；至于农户家庭本乡非农就业的女性人数，4 种

---

① 贡献率＝（输出变量的 ATT 值÷输出变量的样本均值）×100%。

匹配估计的 ATT 值在 1‰水平上均显著为 0.116，表明在控制农户其他特征基本相近的情况下，母亲水窖项目使每户农户本乡非农就业的女性人数平均约增加 0.12 人，贡献率约为 120%（0.12*100‰/0.1）。以上数据说明母亲水窖项目能显著增大农户家庭成员及其女性成员在本乡长时间从事非农就业的可能性。

3. 对农户家庭长期非农就业总人数（含外出务工与本乡兼业人数）及其中女性总数的净影响　从匹配估计结果看，在农户家庭外出务工与本乡非农就业超过 6 个月总人数的 4 种 ATT 估计值中，只有最近邻匹配法估计的 ATT 值（0.378）不显著，其他 3 种匹配法的 ATT 估计值均在 5%水平显著且都为 0.473，就此而言，这大致表明了母亲水窖项目对促进农户家庭外出务工与本乡非农就业总人数增加有显著效应，即平均约增加 0.47 人，贡献率为 41.2%（0.473*100‰/1.14）。此外，在 10%统计水平上，农户家庭女性外出务工与本乡非农就业总人数的所有 ATT 估计值处于 0.128～0.192，但都不显著，由此说明，母亲水窖项目对增加、提高农户家庭女性长期非农就业（包括外出务工和本乡非农就业）的人数或概率并无显著影响。

（三）稳健性检验

总体而言，倾向值匹配的最近邻匹配、分层匹配、半径匹配及核匹配等 4 种方法得到的结果相差不大，一致性较高，这足以说明前文分析结果的较强稳健性。另外，为确保研究结论的可靠性，本章还通过 stata 中的"nnmatch"命令应用"直接最近邻匹配"法来估计母亲水窖项目对农户非农就业的平均干预效应。结果显示，这一方法得到的结果与前述倾向值匹配 4 种方法的估计结果非常相似，据此我们认为，本研究的结论具有相当的稳健性和可靠性。

四、结论与建议

基于 2010 年陕西、甘肃、广西和贵州四省农户微观调查数据，本章采用倾向值匹配法对母亲水窖项目的农民非农就业效应作了实证计量分析，所得主要结论如下：（1）母亲水窖工程能显著增加农户家庭长期本地与外地非农就业总人数、长期本地非农就业人数及其中女性长期本地非农就业人数，平均净增值分别约为 0.47 人、0.26 人和 0.12 人，这说明此工程不仅总体上有利于促进农户家庭劳动力"脱离土地"从事非农就业，还有利于促进农民（包括妇女）就地就近转移就业。（2）母亲水窖工程能显著增加农户家庭男、女劳动力各自外出务工总天数，平均净增值分别约为 115 天和 62 天，这说明此工程的实施有助于延长农户家庭男、女劳动力的外出务工时间。（3）母亲水窖工程对农户家庭中女性长期本地与外地非农就业总人数、长期外出务工总人数及其中女性人数均无显著影响，结合前两条结论可知，此工程对增加农户家庭长期外出务工总人数和女性长期外出务工人数均无明显作用。

推而论之，母亲水窖工程在一定程度上能较有效地释放农村剩余劳动力，其根本原因在于：一是减少、减轻了农民取水时间与劳动强度，促使农户家庭男女劳动力有更多时间和精力在本地或外出务工；二是节省了取水劳动力，增加了农户家庭从事提高收入的劳动力数量，其中，长期在本地非农就业人数及其中女性人数显著增多。另需提及的是，西部干旱地区多数农村妇女处于持久性贫困的根源在于长期"三缺"（缺水、缺粮、缺钱），其中缺水尤为严重，大量妇女甚至一些强劳动力均被耗费在日常繁重的取水上。然而，母亲水窖工程的成功实践，不仅解决了人畜饮水、用水困难，还把大批妇女劳动力从终年为获取生命水的重负中"拯救"出来，促进了农村妇女劳动力的解放、发展和卫生健康水平的提高。

至此，根据本章研究结果，提出以下政策建议：第一，采取多种宣传形式或渠道，继续着力拓展宣传范围，不断吸引更多党政机关、社会力量关注西部贫困妇女、儿童及其缺水家庭，增强母亲水窖工程的资金争取能力，以扩大母亲水窖工程的实施地区和覆盖面。第二，适时重新调整母亲水窖工程的目标及功能定位，丰富、创新项目实施内容与方法，并以"饮水安全"为抓手，强化与其他相关项目间的衔接、联动或整合，同时将女性综合素质培育置于更突出位置，以全面提升西部农村妇女的发展能力和社会地位。

专题五：

贫困家庭教育问题

第六章

当前农村贫困家庭放弃高等教育
投资的行为分析

　　农村贫困家庭的教育投资作为人力资本投资的重要途径，不仅直接影响着农村全面推进小康社会建设，而且直接决定着贫困家庭和个人未来获得教育投资的经济效益和非经济效益的多寡（袁卫华，2008）。当前，农村家庭的教育投资的选择面临很多新挑战、新情况，其中最值得关切的问题之一就是不少贫困农户放弃接受高等教育，该行为已引发社会反思与各方讨论。文中所探讨的放弃高等教育投资的行为，指在高等教育大众化甚或普及化的过程中，农村贫困家庭在日渐激烈的教育竞争和功利化教育取向下，根据对时下大学教育体制、未来就业风险、投资成本收益以及现期收入水平等的基本判断，为实现家庭资源短期效用最大化而主动"随众"放弃对普通高等教育或高等职业教育投资的不完全理性行为。

一、社会背景及问题的提出

　　"读书改变命运"曾是农村寒门学子恪守的信仰，如今，这一信仰正遭遇现实的巨大挑战与质疑，部分农村贫困家庭开始放弃高等教育投资，其子女的向上通道也越来越窄，社会阶层固化加剧。据统计，2009 年全国普通高校毕业生达 611 万，同比增长 9.3%，其中待业人数 79.43 万人，待业率为 13%；2010 年全国普通高校毕业生 630 万人，比 2009 年增加 19 万人，待业人数 60 多万；及至 2012 年，全国普通高校毕业生规模达 680 万人，就业形势更趋紧迫。与此同时，大学生的起薪水平却不见增高。一些名牌大学毕业生，以前非三、四千元月薪不签，现在千元左右即可接受，大学生就业标准降为了"先就业，再择业"的只求生存底线的境地，有些人甚至打出"无薪求职"的口号（冯国有，2007）。这种近乎残酷的就业现实与期望收益间的巨大反差，使得本

　　注：本章内容曾于 2012 年发表于《青海社会科学》（第 6 期）。

来就负担不起昂贵学费的农村贫困家庭对高等教育充满了失望和无奈，新一轮的"读书无用论""脑体倒挂论"也因此开始在农村顺势抬头并逐渐蔓延的趋势。2009—2011 年高考人数连续缩减的现象，在很大程度上说明了这一问题的严重性。据教育部统计，2009 年高考全国弃考人数达到 84 万；而 2010 年弃考人数接近 100 万，其中留学弃考者近 21.1%；及至 2011 年全国约有 28 万高考考生弃考①。国内各新闻媒体报道的另一个事实同样令人深思——除去每年因出国留学的少数弃考生，剩下的绝大部分都是农村子弟，他们中的大多数将选择读中等职业技术类学校学技术或者直接进入社会谋生。基于以上背景，并通过查阅资料可知，关于贫困农户放弃高等教育的专题性研究文献十分鲜见，但对其原因、性质及影响的探析却散见于许多有关高等教育或家庭教育投资类的文章中（李春玲，2003；王香丽，2005；蔡辰梅、刘刚，2011）。为此，本章拟对农村贫困家庭放弃高等教育投资的行为性质、形成机理、长期的不良影响性及相关对策作一番梳理与解析，以期使人们对此社会热点问题有更加全面清晰的认识。

二、农村贫困家庭放弃高等教育投资的行为性质

参照西方经济学理论对家庭教育投资性质的分析和阐述，对我国部分农村贫困家庭放弃高等教育投资的行为性质进行定性，主要是基于对此种教育放弃行为是否为有限理性的判断，并取决于能否对农村贫困家庭经济行为目标有正确的认识。

（一）农村贫困家庭的经济行为目标

农户行为目标研究自起始至今已延续数百年，形成了诸多较有影响力的流派。概括起来，经典的农村家庭行为理论将农村家庭行为目标分成 2 大类：一类是将其目标定位为追求效用或收益最大化，如以亚当·斯密、舒尔茨、波普金三人为代表的"理性小农"流派；另一类是将其目标定位为生存最大化或安全第一，如以恰亚诺夫、斯科特、波拉尼等为代表人物的"生存小农"理论学派（殷红霞，2008）。然而，倘若再细分到农村贫困家庭经济行为特征与目标层面，则鲜有细致的研究。

2012 年，按最新国家扶贫标准，家庭年人均纯收入在 2 300 元（2010 年不变价）以下的农村居民户为贫困户。以四口之家计，农村贫困家庭年总收入不会超过 9 200 元，除去吃穿住行等基本生存所需支出，留给医疗健康和提高

---

① 刘潇. 弃考留洋催热广州高中国际班［N］. 信息时报，2010 - 11 - 16.

发展能力方面的费用所剩无几，情况严重者如绝对贫困农户或特困户甚至会举债而生活。同时，随着我国扶贫开发由以解决温饱为主要任务的阶段转向巩固温饱成果、加快脱贫致富、改善生态环境、缩小发展差距的新阶段，贫困农户已不仅仅是单一的"生存小农"或"理性小农"，而是二者的有机统一体。换而言之，时下农村贫困家庭经济行为的目标是追求生存最大化基础之上的即期家庭整体效用最大化。

（二）贫困农户放弃高等教育行为的性质界定

在传统经济行为分析中，"理性人"假设须具备 4 项前提条件，即拥有充分信息和完全理性，找出实现目标的所有备选方案，预见方案的实施后果，依据某种价值标准作出最优选择。然而于现实状况中，人并不是完全理性的。近年大量的生理学、心理学和实验经济学研究表明，人们作经济决策时总是存在着系统推理误差，而产生这些误差的原因多数归结于人的基本生理限制以及由此而引起的认知极限、动机限制及其相互影响的作用。林毅夫（1988）认为，所谓理性就是指"一个决策者在几个可供选择的方案时，会选择一个能令他的效用得到最大满足的方案"。而学术界对于农村贫困家庭放弃高等教育投资的行为是否理性尚无明确定论。仅有罗少郁（2007）坚称贫困农户在生存问题尚未彻底解决的约束下，选择放弃高等教育投资虽属迫于无奈，但却可以避免负效用的发生，因而是理性的。但是，此研究并未虑及贫困农户放弃高等教育投资的社会经济发展、农村传统文化习俗与教育扶贫优惠政策等背景。因为，在国家不断加大改善民生工作力度的过程中，大多数农村贫困家庭的行为不能只简单地以是否追求效用最大化来定性，而且贫困农户的认知能力存在心理上限、推理能力相对欠缺以及信息资讯获取不畅的现实，与"理性人"假设所暗含的"每一个决策者处于完全信息状态，并且精于计算"的既定前提相悖。由此可见，放弃高等教育投资并非我国农村贫困家庭的完全理性行为，而是一种有限理性行为。

三、农村贫困家庭放弃高等教育投资的行为形成机理

我国相当一部分农村贫困家庭放弃高等教育投资的行为形成机理，可以从货币约束、投资风险和羊群效应 3 方面进行探讨。

（一）货币约束困境：收入成本悬殊引发投资能力不足

自 1999 年高等教育扩招以来，大学学费也随之一路猛涨。近年我国高校普通专业收费标准一般集中在 5 000 元、5 500 元和 6 000 元 3 个档，其中有些

医学、艺术院校的收费甚至多达 1 万元。若按现在日常运行成本估算，理工科人均培养费每年约为 1.5 万元，文科每年为 1.2 万元至 1.3 万元。相比上扬的高等教育成本，贫困农户收入水平过低而且增速持续低迷。尽管 2011 年中央进一步大幅上调了"贫困线"，全国扶贫标准的平均值约 2 200 元，比 2009 年的 1 196 元的国家标准提高了 84%，然而由学费、公寓住宿费、教材资料费和日常生活费等组成的教育成本仍然远远超过了农村家庭的承受能力，对贫困农户来说更是不可想象。鉴于此，我国农村贫困家庭高等教育投资能力普遍不足的首要原因就在于家庭收入水平低下与教育成本高企同时并存。当贫困农户受到货币约束时，其正常生活需求必定会与生产发展诉求相冲突，家庭总效用目标和子女教育诉求也必然存在偏离。在通常情况下，家庭的生产发展诉求将让位于基本生活需要，晚辈的高等教育诉求也可能让位于家庭成员总效用目标。一言以蔽之，货币约束下的投资能力不足是促使农村贫困家庭放弃高等教育投资行为的最主要因素。

（二）投资风险渐增：预期收益难定导致经济动力缺乏

家庭投资教育的动力是利益获得原则，即"谁投资，谁受益"。能让农村贫困家庭不遗余力地投资高等教育的最根本、最原始的动力，是他们对脱离农村、远离农业、改变生活窘境的强烈愿望和对未来经济收益的殷切期盼。可是，步入大众化阶段的高等教育会让农村贫困家庭如愿以偿地实现预期收益吗？在农村，为一个学习优异的子女投资高等教育的前提是子女在毕业后每个月要比工作 7 年的进城务工农民工资高 91% 以上，这在一定程度上说明农村教育投资是缺乏经济动力的，很难"有利可图"（黄景灏、张绍江，2006）。高等教育投资是一项开发较高层次人力资本的投资，其间存在众多不确定性因素，面临较大的潜在风险。一般而言，影响贫困农户获取高等教育预期收益的因素主要来源于入学院校的教育质量、子女能力培育状况以及未来的就业市场风险，而这 3 种风险将最终决定农村贫困家庭是否选择高等教育投资。结合我国"双向选择、自主择业"的就业制度、农村子女倾向的低（免）学费院校以及当下大学生就业形势严峻的事实来看，贫困农户高等教育投资的经济收益既不确定也不稳定，尤其是随着高等教育门槛越来越低，上大学的成本-收益比越来越高，可以预见，高考也将逐渐降温，普通农村贫困家庭极可能转向投资"周期短、费用少"的中等职业教育。

（三）羊群效应凸显：身边典型事迹诱致教育偏好逆转

教育偏好是描述当事人对某类教育的倾向性需求。"羊群效应"则是一种不完全信息状态下有限理性的从众行为。从已有研究成果和多年实地调查可知，绝大多数普通农村家庭的真实教育偏好是高等教育（刘守义等，2008；李普亮、贾卫丽，2010）。但是，对农村贫困家庭而言，这种偏好容易受到周边很多低学历的先富典型人物事迹的影响而发生群体性改变。在贫困农户放弃高等教育而选择中职技校或打工挣钱贴补家用时，这种行为效应表现得尤为突出。由于这类农户所处的经济地位不高且生产生活环境闭塞，以致他们的信息来源非常有限，往往处于信息不完全甚至是匮乏、失真状态。贫困农户通常从进城务工农民、熟人朋友或邻里乡亲那获取间接信息，并向"榜样"印随学习，最终作出与大家极其相似或相同的放弃高等教育投资的决策，而这一过程正凸显了各种资源约束和有限理性聚集下的"羊群效应"。

四、农村贫困家庭放弃高等教育投资的行为引致的不良后果

在现代社会，能否通过接受高等教育使弱势阶层向上流动，不仅对于农村贫困家庭具有重大意义，而且更关乎社会公平与和谐的维系，然而现实情况不容乐观。据调查，2010 年城乡大学生生源占比分别是 82.3％和 17.7％。而在 20 世纪 80 年代，高校中农村生源还占 30％以上[①]。北京大学的农村生源的比例从 20 世纪 50 年代的 70％降至如今的 1％。即使以农学为主的中国农业大学，农村新生占比也从 1999—2001 年的 39％左右跌至 2007 年的 31％[②]。这说明，我国现行高等教育体制在一定程度上阻碍了社会的正常流动，农村家庭放弃高等教育的行为是阶层板结的明证之一。若长此以往，于国于家都将是一个危险的信号。

其一，农民贫困代际传递，社会阶层流动受阻。尽管对不少农村贫困家庭来说，教育投资行为，尤其是高等教育投资对家庭经济收入和社会地位的改善作用并不乐观或显著，更甚者家庭"因教致贫""因教返贫"的事例屡见不鲜，但是随着社会转型的不断推进和信息、知识经济时代的来临，如果贫困农户子女在适龄阶段未受过系统的专业知识与技能训练，那么他们以后抓住理想职业发展机会的能力将大打折扣。然而在现实困境下，农村贫困户放弃高等教育投资会明显地降低社会垂直流动率，贫困很可能持续陷入"代际传递"的循环怪圈之中，农村贫困家庭在社会阶层结构中的位置也将长期被"锁定"在底层。

其二，教育的马太效应不断强化，寒门子女接受高等教育的机会将越来越少。贫困农户选择放弃高等教育的行为，不只会影响到家庭的即期总效用，更深远的是，这种影响将扩散至子女未来的就业力、职位高低、经济收入等诸多

---

① 农村大学生比例下降引发总理担忧［N］. 南方农村报，2011 - 05 - 19.

② 数据来源：http://news. sina. com. cn /o /20101103 /181518324165s. shtml.

方面，从而形成子女教育领域的"马太效应"，即"子女受教育程度低→子女收入水平低→教育投资能力低→下一代受教育程度低"。如此因果轮回，在农村，贫穷就成为贫穷的原因，低学历就成为低学历的理由，而在城市，其整体情况则恰好相反。因此，倘若任由贫困农户放弃高等教育之势愈演愈烈，从长远来看，只会背离公平原则。

五、结语

为了帮助贫困学子及家庭排忧解难，保障各地贫困生接受高等教育的平等机会，维护社会和谐稳定，必须对以上问题认真剖析，除了从国家、高校视角积极建言献策，还需正确引导农村贫困家庭的教育投资趋向，使他们的有限资金能够产生家庭教育的最大收益。贫困农户可以根据子女的学习能力和家庭的经济实力来规划他们的成才之路。为保证弱势群体子女的入学机会均等，避免他们因缴不起学费而对高等教育望而却步，高校内部须加强成本核算管理，着力降低教育成本，遵循"收费与成本不完全对等、不以营利为目的、适合付费者承受力、收费标准分类化"等原则，合理调整高等教育收费标准。与此同时，制定必要的配套政策，完善"大学生资助制度"，建立行之有效的奖助学金、学生贷款、学费减免等制度，进一步扩大家庭困难学生资助范围并提高标准。国家应继续加大扶贫开发力度，积极关注贫困地区特色农业的产业化经营，推出支农新举措，促进农业经济稳定发展，增强农民致富能力，拓宽农民增收渠道，切实做到持续稳定提高农民收入，从根本上扭转农村贫困家庭的人力资本投资能力。

专题六：

贫困与政治参与的关系

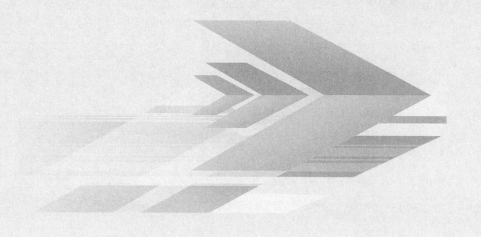

第七章

绝对贫困和主观贫困抑制还是激发农民政治参与？
——多维分析框架与经验研究

一、引言

政治参与是当代民主理论发展的主要内容，是公民当家作主的基本权利、方式和手段，是衡量一个国家民主发展程度的重要标志。农民政治参与旨在影响村级组织和政府决策，使之反映个人意志，从而维护和保障自身权益。然而，经济基础决定上层建筑，离开了制度化的物质基础，难有高度发达的民主政治。塞缪尔·亨廷顿认为，"社会经济发展促进政治参与的扩大，造就参与基础的多样化，并导致自动参与代替动员参与；高水平的政治参与总是与更高水平的发展相伴随，而且社会和经济更发达的社会，也趋向于赋予政治参与更高的价值"（亨廷顿、纳尔逊，1989）。同理，对于农民个体，农村经济发展水平和农户家庭收入水平对他们政治参与具有重要的决定性作用。当具备一定物质条件时，农民才有经济基础、空闲时间和精力兴趣参与政治活动；当乡村经济发展至一定程度，才可能普及电视、电脑等大众传媒设备，突破多种局限或障碍，拓宽农民获取政治信息的渠道，提高政治参与效率。这说明贫穷是制约农民政治参与的首要因素。

诚然，多数农民只是将政治参与作为实现其他目标的手段，若个人能通过移居都市、应聘体面职业或改善经济福利等方式达到预期目标，那么这些方式将在一定程度上成为他们参与政治的替代物。贫困农民作为国家公民，理应平等享有并积极有效行使政治参与权利。但是，由于社会结构和利益格局的调整，贫困农民在政治参与方面处于"外凉内冷"状态，即政治参与态度不热切且实际参与率更低。据中国社会科学院创新工程"中国农民福祉研究"课题组对苏、辽、赣、宁、黔5省区的调查，在2008年、2010年、2011年国家贫困标准和2016年国际3.1美元贫困标准下，71%～81%的贫困农民偏好村委会

注：本章内容曾于2018年发表于《西北农林科技大学学报》（社会科学版）（第1期）。

选举，67%～76%的贫困农民偏好村公共事务管理；但事实上，55%～60%的贫困农民参与了村委会选举，64%～81%的贫困农民参与了村公共事务管理；而且45%～50%的贫困农民对村委会选举的参与态度与行为正向自洽，64%～77%的贫困农民对村公共事务管理的参与态度与行为正向自洽。

不同社会阶层或团体政治参与状况各异，在农民日益分化的背景下，加强贫困农民政治参与是社会主义民主政治发展的客观要求。我国经济、政治、社会、文化的发展对贫困农民政治参与既有一定推动作用，也包含不少制约因素（如利益表达和利益诉求机制尚不完善），这使社会转型期贫困农民政治参与面临机遇和挑战并存的境地，而扩大贫困农民政治参与对于解决社会各种矛盾具有很大促进作用。鉴于此，探析绝对贫困、主观贫困对农民政治参与态度、行为及二者逻辑关系的影响，从而论证促进贫困农民政治参与的重要性和必要性，对推进基层民主政治建设具有较强的理论意义和政策价值。

二、文献综述

2018年，不论是在理论层面，还是在实证层面，国内外尚未有学者分析探讨不同标准下绝对贫困、主观贫困是否抑制或激发农民政治参与态度、行为及二者的正向自洽，但周边研究主要集中在3个方面。

1. **绝对贫困的界定和度量** "绝对贫困观"基于"生计维持"和"基本需要"两种思路将缺乏维持某种基本状态的能力描述为"贫困"。其中，"生计维持思路"最早出现在英国学者Rowntree（1901）所著的《贫困：城镇生活的研究》一书中，该思路将维持生计的最低物质性条件（被认为具有不变性和普世性）视为贫困状态，此后被多国政府和国际机构沿用，如美国、中国以及世界银行等。"基本需要思路"则不再限于维持生计的衣食住等物质满足，还关注公共环境卫生、教育和文化设施等社会保障内容（陈宗胜等，2013），其实质是"生计维持思路"的加强版。很多国际组织如联合国、国际劳工组织以及国际发展问题独立委员会等越来越多地采用此种理念。无论实证分析贫困问题抑或探讨扶贫政策，都需先择定贫困标准这一工具来测量和识别贫困人口（王小林，2012）。绝对贫困标准常以保证人们基本需要的收入或消费水平来表示。世界银行制定的绝对贫困线得到普遍认可和接受，但各国会根据国情作相应调整。1978年以来，中国政府先后采用过3个贫困标准用于指导扶贫实践活动，分别是"1978年标准""2008年标准"和"2010年标准"（鲜祖德等，2016）。及至2011年，中国将2011—2020年的农村贫困标准确定为"按2010年价格水平每人每年2 300元"（王萍萍等，2015）。2015年，世界银行根据2011年ICP项目的PPP数据计算得到2条国际贫困标准：一是极端贫困标准，每人每天 1.9 美元（基本温饱水平）；二是高贫困标准，每人每天 3.1 美元（稳定温饱水平）。

2. **主观贫困及其测量标准**　随着人们对贫困内涵的认识不断超越历史条件的制约，主观贫困（Subjective poverty）问题及其相关理论逐渐成为学术界关注的重要研究领域。主观贫困即贫困的自我感知或"自决"，是人们对自身不理想生活方式的"自评"而非"他定"。此概念最初以主观贫困线身份出现，在学术史上源于学者对客观贫困线的反思（左停、杨雨鑫，2013）。20 世纪 70 年代以荷兰学者为代表的国外研究人员率先提出了主观贫困线测量法。该方法是通过专门的调查问卷来获得个体对于最小收入或基本经济情况的评价，并对所获得的数据进行分析从而推算出贫困线。按照调查问题类型的不同，主观贫困线的测量方法可划分为 SPL 型（Subjective Poverty Line，基于受访者维持家庭生活的最低收入问题）、LPL 型（Leyden Poverty Line，基于受访者对于家庭不同收入水平的评价问题）和 CSPPL 型（Centre for Social Policy Poverty Line，基于受访者利用实际可支配收入维持生活的难度问题）3 种（Goedhart et al.，1977；Pragg et al.，1980；Pradhan and Ravallion，2000）。

3. **农民政治参与意愿和行为的影响因素**　现有相关文献主要以农民（总体）及其进城务工农民、农村妇女、农村青年为研究对象，分析其政治参与（村委会选举和村公共事务管理）的影响因素，大致可归纳如下几方面：一是个体因素，如年龄、性别、受教育程度、健康状况、就业类型、就业地点（本地或外地）、政治面貌、政治认知、政治信任感等；二是经济因素，如工资性收入、利益关联度、村集体经济收入、家庭经济条件、村民相对生活水平、农业生产方式等；三是社会文化环境因素，如农村利益格局变化、社会阶层分化、家庭意识、宗族意识、乡土观念、信息传播媒介等；四是地理区位因素，如城乡地理空间距离、东中西部、内陆与沿海边疆、汉族地区与少数民族聚居地等；五是政治心理因素，如权力崇拜与畏惧心理、政治依附心理等；六是制度因素，如程序公平性、城乡分治的二元结构、农村义务教育制度、社会保障制度等；七是组织因素，如地区性组织、行业性组织或专门性自治组织等（胡荣，2005；中国社会科学院农村发展研究所课题组，2011；张同龙、张林秀，2013；傅熠华，2014；卢春天、朱晓文，2016）。其中，部分因素的作用方向和显著性尚未明晰、情况各异。梳理文献可知，本章可能在以下方面有所创新：一是研究内容新，首次量化分析绝对贫困、主观贫困标准对农民政治参与态度、行为及二者正向自治的影响方向和作用程度。二是分析框架新。其中，核心自变量绝对贫困（4 种不同评判标准）与因变量农民政治参与（3 个子内容）构成既深入又系统的"多维分析范式"。

三、数据、变量与模型

(一) 数据来源

本章数据来自中国社会科学院创新工程项目"中国农民福祉研究"课题组
2014 年开展的农村实地调查。首先,根据农民人均纯收入指标,将全国所有
县级行政区 (统称为"县") 分成高、较高、中、较低、低五类;其次,按相
同方法从上述五类中各选取 2 个同省的县 (或县级市),最终确定江苏省洪泽
县和启东市、辽宁省兴城市和凤城市、江西省安义县和星子县、宁夏回族自治
区盐池县和彭阳县、贵州省晴隆县和纳雍县 5 省 (区) 10 县 (市) 作为样本
地区;最后,采用分层随机抽样方法,从以上各县中确定农村住户调查样本。
原则上,每个样本住户以调查时实际在家的一位成年人为调查对象。此次入户
调查共获得有效样本 1 000 户。根据表 7-1 可知:(1) 在国家贫困标准下,受
访者多处于非贫困状态;相反,在国际 3.1 美元贫困标准下,受访者多属于贫
困人口,贫困发生率为 60%。(2) 受访者中年人 (45~59 岁) 居多,占
40.4%;整体男女比例约为 1.58:1,其中党员、已婚者占比分别高达 82.6%
和 94.4%。(3) 受访者文化程度以小学及以下为主,占 49.2%,完成初中和
高中教育者分别占 35.3%、12.2%。(4) 受访者中汉族农民是少数民族农民
的两倍多,村干部或村民代表约是普通农民的六分之一,在外地 (乡镇外) 就
业的不足 5%。(5) 分区域看,东、中、西部地区的受访者分别占 40.3%、
20.2%和 39.5%。

表 7-1 样本户的个体基本特征

类别	选项	样本量 (个)	比例 (%)	类别	选项	样本量 (个)	比例 (%)
贫困与否 I	贫困	29	2.90	婚姻状况	已婚	944	94.40
	非贫困	971	97.10		未婚	56	5.60
贫困与否 II	贫困	53	5.30	受教育年限	6 年及以下	492	49.20
	非贫困	947	94.70		7~9 年	353	35.30
贫困与否 III	贫困	128	12.80		10~12 年	122	12.20
	非贫困	872	87.20		13 年及以上	33	3.30
贫困与否 IV	贫困	600	60.00	民族	汉族	697	69.70
	非贫困	400	40.00		少数民族	303	30.30

（续）

类别	选项	样本量（个）	比例（%）	类别	选项	样本量（个）	比例（%）
年龄	44 岁及以下	341	34.10	社会身份	村干部或代表	143	14.30
	45～59 岁	404	40.40		普通农民	857	85.70
	60 岁及以上	255	25.50	就业地点	本地（乡镇内）	951	95.10
性别	男	612	61.20		外地	49	4.90
	女	388	38.80	地区	东部地区	403	40.30
政治面貌	党员	174	17.40		中部地区	202	20.20
	非党员	826	82.60		西部地区	395	39.50

注：贫困标准分别根据 2008 年、2010 年、2011 年国家贫困线和 2016 年国际每人每天 3.1 美元贫困线设定；年龄按世界卫生组织最新分段法划分：44 岁及以下为青年、45～59 岁为中年、60 岁及以上为老年；受教育年限按对应学历划分：6 年及以下为小学以下、7～9 年为初中、10～12 年为高中、13 年及以上为大学本科以上。

（二）变量设置与定义

因（自）变量说明如表 7 - 2 所示。

1. **因变量** 本章将村委会选举视为乡村社会的高层次政治参与形式，而将村公共事务管理则视作农民低层次政治参与形式。村委会选举是村民自治的前提和基础，具有我国国情所决定的特殊性。农村公共事务的性质决定了农民参与治理的必要性，通过参与不仅有益于增强农民对公共事务的认同感，也有助于提高农村公共事务建设的适用性和效率。

遵循问题相关性或相似性原则，全文共设 6 个因变量。其中，农民高、低政治参与态度均通过自我报告法中的语义区分量表直接测量、采集，在问卷中设置了规避型态度（Aversion attitude）、中性型态度（Neutral attitude）以及偏好型态度（Preference attitude）3 种选项；政治参与行为分为参与和不参与；基于此，农民政治参与态度与行为关系分为"正向自治"（"偏好型态度"指向"参与了"的情况）和"其他"两项。

2. **自变量** 除了态度测量方法（量表的科学性）和访谈氛围外，农民政治参与态度、行为选择及二者逻辑关系还取决于其他重要因素或外部条件。结合前人研究成果、效用函数理论、政治参与成本—收益理论以及实际数据的可获得性，将如下自变量引入计量模型：

经济基础决定上层建筑，相比贫困农民，理论上非贫困农民对政治生活的兴趣度和关注度更高。农民主观贫困标准越高，其通过政治手段关切、表达及追求自身利益的愿望越强烈。其中，主观贫困标准（SPL），在一定程度上是绝对贫困与相对贫困两概念的混合体。参照 Goedhart et al. 和 Praag et al. 的定义，本章以受访农民自评家庭生活所需纯收入的下限值除以户人口所得人均值作为测量指标。误工补贴可作为补偿性收益降低农民政治参与的部分实际成本和机会成本。个体特征方面，年龄在政治参与上的差异突出表现在认知、态度和关心度。男女政治参与态度或行为因先天禀赋、家庭分工等不同而存在性别差异。受教育年限与政治参与行为的相关性是相对或有条件的，且突出表现在参与意识层面。不同民族农民因宗教信仰、文化习俗各异而形成不同的政治参与偏好。健康状况是衡量农民政治参与能力的重要指标之一。社会资本方面，可分为契约型资本和关系型资本。采用婚姻状况、政治面貌、社会身份等指标来度量契约型资本，关系型资本则采用人际关系满意度指标。相较而言，已婚、党员、村干部或村民代表等诸种身份因能帮助农民获得更多外界支持而有利于他们政治参与。环境因素方面包括就业环境、信息环境和地理环境。就业环境选择就业地点和主要就业类型两个指标。信息环境选择是否知悉政治活动时间指标，用于反映村干部传播信息和村民获取信息的条件。地理环境选择设置区位虚拟变量，以西部省份为参照，旨在考察东、中、西部地区农民政治参与态度与行为选择偏差的区域差异性。

表7-2 各变量赋值情况及其描述性统计分析

变量名	变量定义及赋值	均值	标准差	最小值	最大值
因变量					
农民低层次政治参与态度	参与村公共事务管理态度，规避型=0，中性型=1，偏好型=2	1.579	0.660	0	2
农民高层次政治参与态度	参与村委会选举态度，规避型=0，中性型=1，偏好型=2	1.683	0.573	0	2
农民低层次政治参与行为	参与村公共事务管理=1，不参与=0	0.808	0.394	0	1
农民高层次政治参与行为	参与村委会选举=1，不参与=0	0.624	0.485	0	1
农民低层次政治参与态度与行为关系	村公共事务管理参与态度与行为，正向自治=1，其他情形=0	0.769	0.422	0	1
农民高层次政治参与态度与行为关系	村委会选举参与态度与行为，正向自治=1，其他情形=0	0.499	0.500	0	1

（续）

变量名	变量定义及赋值	均值	标准差	最小值	最大值
核心自变量					
是否绝对贫困 I	2008 年人均 865 元（低贫困标准），是＝1，否＝0	0.029	0.168	0	1
是否绝对贫困 II	2010 年人均 1 274 元（中等贫困标准），是＝1，否＝0	0.053	0.224	0	1
是否绝对贫困 III	2011 年人均 2 300 元（中高贫困标准），是＝1，否＝0	0.128	0.334	0	1
是否绝对贫困 IV	2016 国际标准 3.1 美元/人/天（高贫困标准），是＝1，否＝0				
主观贫困标准	自报家庭年人均生活所需最低收入（万元）	0.926	2.355	0.1	50
控制变量					
年龄	实际年龄（周岁）	50.131	12.850	17	83
性别	男＝1，女＝0	0.612	0.488	0	1
受教育年限	连续变量（年）	6.396	3.996	0	16
民族	是否汉族，是＝1，否＝0	0.697	0.460	0	1
健康状况	自评，五分制，5 分最高，1 分最低	4.294	1.036	1	5
误工补贴	政治参与有无误工补贴，有＝1，无＝0	0.121	0.326	0	1
婚姻状况	是否已婚，是＝1，否＝0	0.944	0.230	0	1
政治面貌	是否党员，是＝1，否＝0	0.174	0.379	0	1
社会身份	是否村干部或村民代表，是＝1，否＝0	0.143	0.350	0	1
人际关系满意度	十分制，10 分最高，0 分最低	8.177	1.703	0	10
就业地点	是否本地就业，是＝1，否＝0	0.951	0.216	0	1
主要就业类型	是否非农就业，是＝1，否＝0	0.301	0.459	0	1
知悉政治活动时间	是否知道政治活动时间，是＝1，否＝0	0.656	0.475	0	1
东部省份	辽宁或江苏＝1，其他中、西部三省＝0	0.403	0.491	0	1
中部省份	江西＝1，其他东、西部四省＝0	0.202	0.402	0	1

（三）模型设定

在界定前述各变量的基础上，设置如下实证分析模型：

$$Y_k = \beta_0 + \beta_{1n}Apoverty_n + \beta_2 Spoverty + \beta_i \sum_{i=1}^{m} X_i + \varepsilon \quad (7-1)$$

式（7-1）中，Y_k 为上文六个因变量；$Apoverty_n$ 表示 4 种贫困标准下农民是否绝对贫困；$Spoverty$ 表示农民主观贫困标准；β_0、β_1、β_2 为待估参数；X_i 为其他控制变量；ε 随机误差项，m 为控制变量的个数。

1. 二类贫困和农民政治参与态度之间的关系 设 p 为农民政治参与态度的发生概率，那么 p 记为：

$$p(y \leqslant j) = p_1 + \cdots + p_j \quad (7-2)$$

农民偏好型、中性型政治参与态度与规避型政治参与态度的概率之比，被称为事件发生比（odds），记为 $p_j / (1-p_j)$，其数学表达式为：

$$Odds(Y \leqslant j) = \frac{P(y \leqslant j)}{1 - P(y \leqslant j)} = \frac{p_1 + \cdots + p_j}{p_{j+1} + \cdots + p_{k+1}} \quad (7-3)$$

式（7-3）中，$p_1 + p_2 \cdots + p_{k+1} = 1$。对 odds 进行对数变换，则得到有序 logit 回归模型的线性表达式：

$$Ln\left(\frac{P(y \leqslant j)}{1 - P(y \leqslant j)}\right) = \beta_0 + \beta_{1n}Apoverty_n + \beta_2 Spoverty + \beta_i \sum_{i=1}^{m} X_i + \mu$$
$$(7-4)$$

2. 二类贫困和农民政治参与行为及其与态度正向自洽之间的关系 假设农民政治参与行为及其与态度正向自洽是按照效用最大化原则进行，可建立如下 Logit 二元离散选择模型：

$$L = Ln\left(\frac{P}{1-P}\right) = \beta_0 + \beta_{1n}Apoverty_n + \beta_2 Spoverty + \beta_i \sum_{i=1}^{m} X_i + \mu$$
$$(7-5)$$

式（7-5）中，偏回归系数（β）为相应自变量变动一个单位所带来的对数发生比 $Ln(P/(1-P))$ 的改变量，无直观解释含义。对等式两边取 e 的指数得：

$$Odds = \frac{P}{1-P} = e^{\beta_0} \times e^{\beta_{1n}Apoverty_n} \times e^{\beta_2 Spoverty} \times e^{\beta_3 X} \times e^{\mu} \quad (7-6)$$

式（7-6）中，e^{β_i} 为发生比率（odds ratio），解释为自变量每变化 1 个单位所引起的发生比变化的倍数。

四、实证结果及分析

在进行回归分析之前，需检验各自变量可能因高度相关而产生的多重共线性问题。一般而言，方差膨胀因子 VIF 越大，说明变量间多重共线性越严重，若 $VIF \leqslant 5$，即表示变量间不存在严重的共线性问题。经检验，自变量的 VIF 满足这一条件。根据调查数据，本章采用极大似然法（ML）估计农民高低层次政治参与态度的有序 Logit 模型。为更科学地探究核心自变量及其他控制变量对农民政治参与态度、行为及二者正向自洽的影响，本章先只纳入核心自变量而不纳入控制变量进行实证，然后将所有控制变量一并纳入进行实证，结果显示核心自变量的显著性和作用方向未有变化，限于篇幅，表 7－3～表 7－5 仅汇报部分重要内容。

表 7－3　绝对贫困、主观贫困对农民政治参与态度的影响

变量	农民政治参与态度：规避型、中性型和偏好型（Odds Ratio）							
	高层次政治参与形式：村委会选举				低层次政治参与形式：村公共事务管理			
	模型（1）	模型（2）	模型（3）	模型（4）	模型（5）	模型（6）	模型（7）	模型（8）
是否绝对贫困Ⅰ	1.145				0.866			
是否绝对贫困Ⅱ		1.628				1.239		
是否绝对贫困Ⅲ			1.476				1.240	
是否绝对贫困Ⅳ				0.820				0.820
主观贫困标准	1.102*	1.107*	1.113*	1.081**	1.008	1.009	1.009	1.002
年龄	1.013	1.013	1.012	1.013	0.996	0.996	0.996	0.996
性别	1.439**	1.425*	1.422*	1.463**	1.586***	1.581***	1.577***	1.618***
受教育年限	1.033	1.034	1.034	1.032	1.036	1.036	1.036	1.034
民族	0.991	1.005	0.997	0.979	1.241	1.254	1.251	1.240
健康状况	1.077	1.073	1.069	1.085	1.145*	1.141*	1.137*	1.150*
误工补贴	1.001	0.995	0.998	0.990	1.140	1.134	1.138	1.118
婚姻状况	0.841	0.859	0.860	0.813	0.798	0.808	0.811	0.781
政治面貌	2.692***	2.734***	2.732***	2.671***	3.833***	3.860***	3.865***	3.816***
社会身份	4.098***	4.100***	4.090***	4.048***	2.511**	2.515**	2.515**	2.471**
人际关系满意度	1.104**	1.105**	1.106**	1.104**	1.119***	1.121***	1.121***	1.118***
就业地点	0.891	0.887	0.882	0.878	0.805	0.804	0.801	0.798
主要就业类型	1.004	1.011	1.020	0.990	0.756	0.759	0.763	0.742
知悉政治活动时间	2.277***	2.274***	2.265***	2.270***	1.736***	1.733***	1.733***	1.728***

（续）

| | 农民政治参与态度：规避型、中性型和偏好型（Odds Ratio） | | | | | | | |
| 变量 | 高层次政治参与形式：村委会选举 | | | | 低层次政治参与形式：村公共事务管理 | | | |
	模型（1）	模型（2）	模型（3）	模型（4）	模型（5）	模型（6）	模型（7）	模型（8）
东部省份	0.939	0.969	0.994	0.897	0.588***	0.606**	0.618**	0.573***
中部省份	0.372***	0.377***	0.387***	0.365***	0.456***	0.464***	0.474***	0.451***
cut1	−0.607	−0.564	−0.565	−0.782	−0.680	−0.647	−0.638	−0.840
cut2	1.340	1.386	1.384	1.168	0.832	0.866	0.875	0.675
对数似然函数值	−583.39	−582.56	−582.25	−582.83	−716.72	−716.58	−716.36	−716.00
Wald chi2（17）	105.23***	106.92***	109.14***	105.03***	101.90***	102.48***	103.47***	103.42***

注：*、**、***分别表示在10%、5%和1%水平上显著；下同。

（一）绝对贫困、主观贫困对农民政治参与态度的影响

表7-3显示了所有自变量对农民高、低层次政治参与态度的影响。在模型（1）～（4）中，4种贫困标准下农民绝对贫困与否对其参与村委会选举态度的影响均未通过显著性检验，且回归所得 Odds Ratio 或大于1或小于1，这意味着不同标准下绝对贫困对农民高层次政治参与态度的激发作用或抑制效应在统计上均不显著；相较而言，农民主观贫困标准对其参与村委会选举态度有显著正向影响，回归所得 Odds Ratio 都大于1，即农民主观贫困标准每增加1万元将使农民偏好参与村委会选举的发生比率变成原来的1.081～1.113倍，出现边际递增效应，说明主观贫困标准越高，农民对高层次政治参与的态度越积极。在模型（5）～（8）中，4种贫困标准下农民是否绝对贫困及其主观贫困标准对其参与村公共事务管理态度均无显著影响，且回归所得 Odds Ratio 同样存在大于或小于1两种情况，说明不同标准下绝对贫困对农民低层次政治参与态度的抑制效应或激发作用不明显；而且，农民主观贫困标准的提升对其低层次政治参与态度也无激发作用。

从其他控制变量来看，性别、政治面貌、社会身份、人际关系满意度、知悉政治活动时间和中部省份对农民参与村委会选举态度影响显著，而性别、健康状况、政治面貌、社会身份、人际关系满意度、知悉政治活动时间、东部省份以及中部省份对农民参与村公共事务管理态度影响显著。以上结果与我国现实情况相吻合。

（二）绝对贫困、主观贫困对农民政治参与行为的影响

表7-4报告了全部自变量对农民高、低层次政治参与行为的影响。在模

型（9）～（12）中，仅国际 3.1 美元贫困标准下是否绝对贫困对农民是否参与村委会选举影响显著且回归所得 Odds Ratio（0.523）小于 1，而其他贫困标准下农民是否绝对贫困均无显著影响（对应的 Odds Ratio 都大于 1），这说明在国际高贫困标准下绝对贫困会明显抑制农民高层次政治参与行为，但在国内贫困标准下绝对贫困对农民高层次政治参与行为无显著激发作用。此外，以上模型中农民主观贫困标准对其是否参与村委会选举均无显著激发作用或抑制效应。在模型（13）～（16）中，仅 2010 年国家贫困标准下是否绝对贫困对农民是否参与村公共事务管理有弱显著影响且所得 Odds Ratio（0.166）小于 1，表明在 2010 年国家贫困标准下绝对贫困可使农民参与村公共事务管理的发生比率变成原来的 0.166 倍，简言之，可显著抑制农民低层次政治参与行为。综合前述两种情况推断，经济贫困可能引致权利贫困。在相同模型中，农民主观贫困标准对其参与村公共事务管理均影响显著，且回归所得 Odds Ratio 分别为 1.611、1.526、1.645 和 1.879，即主观贫困标准每增加 1 万元可使农民参与村公共事务管理的发生比率变成原来的 1.526～1.879 倍，同样出现边际递增效应，说明主观贫困标准越高，农民真实介入低层次政治参与的概率越大（激发作用突出）。

除前述核心自变量外，农民是否参与村委会选举主要由政治参与态度、年龄、性别、社会身份以及知悉政治活动时间等因素决定，而农民是否参与村公共事务管理还取决于政治参与态度、性别、健康状况、政治面貌、社会身份、人际关系满意度以及东部省份。这一结果与郭君平等（2016）的研究结论基本一致。

表 7-4 绝对贫困、主观贫困对农民政治参与行为选择的影响

因（自）变量	农民政治参与行为选择：参与或未参与（Odds Ratio）							
	高层次政治参与形式：村委会选举				低层次政治参与形式：村公共事务管理			
	模型（9）	模型（10）	模型（11）	模型（12）	模型（13）	模型（14）	模型（15）	模型（16）
是否绝对贫困Ⅰ	1.105				0.108			
是否绝对贫困Ⅱ		1.252				0.166**		
是否绝对贫困Ⅲ			1.207				0.879	
是否绝对贫困Ⅳ				0.523***				1.659
主观贫困标准	1.012	1.012	1.013	0.982	1.611*	1.526*	1.645**	1.879**
政治参与态度	1.941***	1.928***	1.927***	1.926***	2.914**	3.161**	2.783**	2.964**
年龄	1.034***	1.034***	1.034***	1.035***	0.989	0.991	0.987	0.986
性别	1.757**	1.750**	1.743**	1.850**	4.584***	4.686***	4.623***	4.577***
受教育年限	1.025	1.025	1.026	1.023	0.985	0.978	0.975	0.973

（续）

因（自）变量	农民政治参与行为选择：参与或未参与（Odds Ratio）							
	高层次政治参与形式：村委会选举				低层次政治参与形式：村公共事务管理			
	模型（9）	模型（10）	模型（11）	模型（12）	模型（13）	模型（14）	模型（15）	模型（16）
民族	0.805	0.810	0.813	0.783	0.688	0.679	0.765	0.754
健康状况	1.151	1.153	1.147	1.165	0.627**	0.641**	0.622***	0.616**
误工补贴	1.429	1.429	1.414	1.384	1.886	1.810	1.602	1.650
婚姻状况	1.913	1.938	1.917	1.810	0.321	0.255	0.329	0.307
政治面貌	1.868	1.895	1.877	1.870	6.117***	5.934***	5.886***	6.449***
社会身份	3.355**	3.330**	3.315**	3.207**	4.100***	3.956***	3.996***	4.233***
人际关系满意度	0.908	0.909	0.907	0.906	0.834	0.811	0.841	0.826
就业地点	1.770	1.766	1.751	1.805	1.501	1.590	1.404	1.447
主要就业类型	1.235	1.237	1.250	1.152	1.048	1.046	1.028	1.083
知悉政治活动时间	94.873***	95.430***	95.608***	100.536***	1.404	1.461	1.373	1.363
东部省份	1.252	1.267	1.286	1.056	0.236***	0.227***	0.265**	0.310**
中部省份	0.951	0.952	0.965	0.901	0.735	0.773	0.660	0.650
常数项	0.001***	0.001***	0.001***	0.001***	18.894	23.272	21.856	16.044
对数似然函数值	−260.44	−260.36	−260.31	−257.54	−99.83	−98.90	−101.35	−100.72
Wald chi2 (18)	298.76***	295.43***	295.07***	313.15***	59.62***	58.31***	59.81***	59.30***

（三）绝对贫困、主观贫困对农民政治参与态度与行为关系的影响

表 7-5 汇报了所有自变量对农民高、低层次政治参与态度与行为关系的影响。在模型（17）～（20）中，除了 2008 年国家贫困标准外，在 2010 年国家贫困标准、2011 年国家贫困标准和国际 3.1 美元贫困标准下，是否绝对贫困对农民参与村委会选举态度与行为的正向自洽均有显著影响，并且在回归所得的 3 个 Odds Ratio 中，前二者大于 1，后者小于 1，这说明深度绝对贫困可显著抑制农民高层次政治参与态度与行为正向自洽，而程度相对较浅的绝对贫困对农民高层次政治参与态度与行为正向自洽却有显著的激发作用。在前述 4 个模型中，农民主观贫困标准对其参与村委会选举态度与行为的正向自洽均影响显著，回归所得 Odds Ratio 分别为 1.041、1.043、1.045 和 1.021，意指主观贫困标准每增加 1 万元可使农民高层次政治参与态度与行为正向自洽的发生比率变成原来的 1.021～1.045 倍，存在边际递增效应，表明主观贫困标准的提高可激发农民高层次政治参与态度与行为正向自洽。

在模型（21）～（24），不同贫困标准下是否绝对贫困对农民参与村公共事

务管理态度与行为的正向自洽均无显著影响，换言之，绝对贫困对农民低层次政治参与态度与行为的正向自洽无明显抑制效应或激发作用。反观主观贫困标准，该变量在以上模型中对农民参与村公共事务管理态度与行为正向自洽均有显著影响，回归所得 Odds Ratio 分别为 1.479、1.455、1.515 和 1.482，可解释为农民主观贫困标准每增加 1 万元，其低层次政治参与态度与行为正向自洽的发生比率变成原来的 1.455～1.515 倍，同样存在边际递增效应，这说明主观贫困标准对农民低层次政治参与态度与行为正向自洽也具有激发作用。

此外，就其他控制变量而言，年龄、性别、健康状况、政治面貌、社会身份、人际关系满意度、就业地点、知悉政治活动时间以及中部省份对农民参与村委会选举态度与行为正向自洽有显著影响；而性别、政治面貌、社会身份和东部省份等因素对农民参与村公共事务管理态度与行为正向自洽影响显著。

表7-5 绝对贫困、主观贫困对农民政治参与态度与行为关系的影响

| 因（自）变量 | 农民政治参与态度与行为关系：正向自洽或其他（Odds Ratio） | | | | | | | |
| | 高层次政治参与形式：村委会选举 | | | | 低层次政治参与形式：村公共事务管理 | | | |
	模型（17）	模型（18）	模型（19）	模型（20）	模型（21）	模型（22）	模型（23）	模型（24）
是否绝对贫困Ⅰ	1.701				0.242			
是否绝对贫困Ⅱ		2.104**				0.464		
是否绝对贫困Ⅲ			1.599**				1.042	
是否绝对贫困Ⅳ				0.685**				0.915
主观贫困标准	1.041*	1.043*	1.045*	1.021*	1.479*	1.455*	1.515*	1.482*
年龄	1.023**	1.022**	1.022**	1.023**	0.995	0.995	0.993	0.993
性别	1.538**	1.513*	1.499*	1.586**	3.962***	3.994***	3.977***	3.988***
受教育年限	1.011	1.013	1.014	1.009	1.049	1.044	1.041	1.042
民族	0.815	0.825	0.820	0.807	1.543	1.592	1.635	1.637
健康状况	1.149	1.151*	1.138	1.156*	0.728	0.735	0.719	0.719
误工补贴	1.508	1.506	1.485	1.502	1.875	1.757	1.665	1.660
婚姻状况	1.044	1.083	1.047	1.027	1.749	1.623	1.691	1.726
政治面貌	2.338***	2.394***	2.347***	2.299***	4.043***	4.001***	4.039***	3.985***
社会身份	4.736***	4.695***	4.667***	4.650***	4.273***	4.126***	4.148***	4.101***
人际关系满意度	1.117**	1.119**	1.114**	1.113**	1.023	1.014	1.025	1.028
就业地点	2.684*	2.638*	2.583*	2.681*	0.530	0.540	0.519	0.511
主要就业类型	1.239	1.244	1.268	1.181	0.785	0.791	0.783	0.774
知悉政治活动时间	47.796***	48.878***	48.936***	47.466	1.950	1.980	1.930	1.936
东部省份	1.263	1.293	1.319	1.139	0.219***	0.221***	0.242***	0.235***

（续）

因（自）变量	农民政治参与态度与行为关系：正向自洽或其他（Odds Ratio）							
	高层次政治参与形式：村委会选举				低层次政治参与形式：村公共事务管理			
	模型（17）	模型（18）	模型（19）	模型（20）	模型（21）	模型（22）	模型（23）	模型（24）
中部省份	0.531**	0.529**	0.544***	0.511**	0.563	0.553	0.536	0.538
常数项	0.001***	0.001***	0.001***	0.001***	1.429	1.592	1.619	1.700
对数似然函数值	−374.82	−373.75	−373.92	−373.55	−119.52	−119.69	−120.30	−120.28
Wald chi2 (17)	253.76***	252.75***	253.82***	264.42***	45.62***	47.01***	46.99***	46.62***

五、研究结论及对策

本章以我国 5 省 10 县的 1 000 份有效问卷调查数据为例，探究农民绝对贫困和主观贫困的政治参与效应。实证结果发现：

其一，在不同贫困标准下，绝对贫困对农民高、低层次政治参与态度均无显著抑制效应或激发作用。相比之下，主观贫困标准虽对农民低层次政治参与态度的影响不显著，但对高层次政治参与态度有明显激发作用。

其二，不同标准下的绝对贫困对农民高、低层次政治参与行为的显著性影响各异。其中，国际 3.1 美元贫困标准下的绝对贫困可显著抑制农民高层次政治参与行为，而 2010 年国家贫困标准下的绝对贫困可显著抑制农民低层次政治参与行为。此外，主观贫困标准的提升可显著激发农民低层次政治参与行为，但对其高层次政治参与行为无显著影响。

其三，深度绝对贫困可显著抑制农民高层次政治参与态度与行为的正向自洽，而程度相对较浅的绝对贫困则有反向激发作用，但是不同贫困标准下绝对贫困对农民低层次政治参与态度与行为的正向自洽无明显抑制效应或激发作用。不仅如此，主观贫困标准对农民高、低层次政治参与态度与行为的正向自洽均有显著激发作用。

基于前述研究内容和所得结论，提出如下政策建议。

第一，完善社会主义市场经济，夯实贫困农民政治参与的物质基础。在发展经济、促进就业的同时，调整收入分配、缩小贫富差距，以提高贫困农民的经济地位，增强其政治参与动力；此外，完善农村社会保障体系，构筑贫困地区社会"安全网"。

第二，加快制度建设，实现贫困农民政治参与的制度化和法制化。变革城乡二元社会结构，消除贫困农民政治参与的体制性障碍，赋予他们决策权、参与权和发言权；健全基层民主制度、信访制度、政务公开制度、人民代表大会制度等具体政治参与制度，拓宽贫困农民政治参与渠道；加强贫困农民的组织制度建设，为他们政治参与提供组织保障；完善社会主义法制，保障贫困农民的公民权利；充分尊重贫困农民的政治参与诉求，因时因地实行必要的政策倾斜，促进社会公平。

第三，促进文化建设，提高贫困农民政治参与的素质和能力。培育新型政治文化，增强贫困农民的主体意识、权利意识、法治意识以及主动参与意识，引导他们树立正确的社会预期心理；强化老、少、边、穷地区农村教育培训工作，提高贫困农民政治参与的整体素质；消除制度歧视和社会排斥，创建贫困农民政治参与的和谐氛围。

专题七：

宗教信仰（参与）与贫困的关系

第八章

宗教信仰、宗教参与影响农民主观贫困和福利吗？
——来自全国 5 省（区）10 县（市）1 000 个农户调查的证据

一、引言

宗教是人类社会发展到一定历史阶段并占据重要地位的社会文化现象，其形成主要源于自然层面（对自然力的恐惧、敬畏和神秘感）、社会层面（对社会苦难、战争、冲突、等级分化等社会力的屈从与崇拜）和认识层面（对超自然存在物的归依、投顺及服从）。改革开放以来，在宗教信仰受到法律保护、宗教地产得以归还以及宗教活动场所和国际交往基本恢复等宏观形势背景和内外部因素作用下，我国宗教信仰状况发生剧变，"宗教热潮"日渐升温。一方面，体现在宗教信徒人数增长迅猛，现有 1 亿多人且多集中在农村地区；另一方面，体现在宗教团体规模庞大。据国家宗教事务局不完全统计，我国宗教团体 5 500 多个，其中一些宗教团体还办有培养宗教教职人员的宗教院校，数量高达 100 多所。此外，还体现在宗教活动场所大幅增加，经批准开放的宗教活动场所近 13.9 万处[①]。

除人的日常活动及由此获得的物质资源外，宗教信仰是影响个人特征的最大因素（马歇尔，2009）。对于农村"宗教复兴"现象，国内学术界分别从社会保障（信仰组织的社会保障功能）、宗教市场论（宗教供给与管制）、精神空虚（农村文化娱乐生活匮乏）、基层组织式微（难以满足农民组织归属需求）、"传统的发明"（继承、创新传统文化、科学和艺术）以及地方政府与当地精英合作等不同视角作出了相应阐释（郭于华，2000；杜景珍，2004；晃国庆，2005；王宏刚，2005；Yang，2006；Chau and Adam，2006；魏德东，2010；郑风田等，2010；杨倩倩、陈岱云，2011）。综合以

注：本章内容曾于 2016 年发表于《经济与管理评论》（第 3 期）。

① 数据来源：《中国宗教概况》，http://www.sara.gov.cn/zwgk/17839.htm。

上研究来看，我国农村宗教复兴与社会转型期经济结构、文化形态、社会机制、价值观念以及生活方式等方面的深刻变化密切相关（乐君杰、叶晗，2012）。

数千年来，宗教因其社会整合功能（宗教信仰、宗教组织与宗教礼仪的共同作用）、道德教化功能（道德教育的媒介物）、社会控制功能（阐释现存制度、统治方式的神圣性与合理性）以及心理调节功能（特定的信仰治疗）等极大地影响了人类文明发展进程，并日益渗透至人类生活的各个方面。进入现代社会后，宗教并未因科技进步而逐渐消亡，相反已成为人们精神生活的重要组成部分。时至今日，随着我国农村宗教的迅速发展和居民信仰结构的重大变化，有关宗教信仰或宗教参与影响的研究愈发重要，并获得越来越多的学者关注。尽管如此，相对国际宗教研究总体水平和国内宗教发展实际状况，我国宗教研究仍处于发育阶段（金泽、邱永辉，2008），且多集中在有限的研究领域，如哲学、历史学以及宗教学等（魏德东，2005），而极少被纳入经济学甚至社会学范畴。因此，当前客观现实要求学术界深入分析宗教因素对我国经济、社会、政治和文化究竟会产生何种影响？在此领域诸多亟待解决的重大课题中，包括厘清宗教信仰、宗教参与频率对农民主观贫困和主观福利的影响或效应，然后就如何将宗教信仰和宗教组织的力量转化为帮助农民调整合理期望、增进主观福利以及提高经济收入的动力问题给出相关政策建议。

二、文献回顾

回溯既往文献资料，可知迄今尚未有宗教信仰、宗教参与和主观贫困间关系（包括相关关系和因果关系）方面的研究著述，但是，主观贫困议题和宗教信仰或宗教参与的社会经济影响较早引起了业内专家学者的兴趣，并取得了一系列重大发现和阶段性成果。据此，本章将其中具有代表性、科学性以及可靠性的期刊文章或论著进行系统梳理、分析和综述。

1. **主观贫困及其标准测量**　随着人们对贫困内涵的认识不断超越历史条件的制约，主观贫困（Subjective poverty）问题及其相关理论逐渐成为学术界关注的重要研究领域。主观贫困即贫困的自我感知或"自决"，是人们对自身不理想生活方式的"自评"而非"他定"。此概念最初以主观贫困线的身份出现，在学术史上源于学者对客观贫困线概念的反思（左停、杨雨鑫，2013）。20世纪70年代以荷兰学者为代表的国外研究人员率先提出了主观贫困线测量法。具体而言，该方法是通过专门的调查问卷来获得个体对于最小收入或基本经济情况的评价，并对所获得的数据进行分析从而推算出贫困线。按照调查问题类型的不同，主观贫困线的测量方法可划分为 SPL 型（Subjective Poverty Line，基于受访者维持家庭生活的最低收入问题）、LPL 型（Leyden Poverty Line，基于受访者对于家庭不同收入水平的评价问题）和 CSPPL 型（Centre for Social Policy Poverty Line，基于受访者利用实际可支配收入维持生活的难度问题）3 种（Goedhart et al.，1977；Praag et al.，1980；Pradhan and Ravallion，2000）。

2. 宗教信仰或参与的社会经济影响　此类研究最早可追溯至社会学家马克斯·韦伯（1904）所著的《新教伦理与资本主义精神》，其中谈到宗教信仰对社会经济发展诸方面的巨大影响。此后，学术界就宗教信仰或参与的可能性影响提出了许多新的研究课题，包括宗教信仰或宗教参与对市场经济行为、农村社区发展以及农民非农收入、生活质量、消费价值观、心理健康、社会养老保险参与、主观福利等方面的影响。但是，上述研究领域多用质化分析或简单描述性统计方法（鲜有计量实证检验），这种分析易使人对宗教信仰或宗教参与产生错觉。例如，任意夸大宗教信仰或宗教参与的某些负面作用（如干扰基层正式组织、冲击农村精神文明建设等），质疑宗教信仰或宗教参与的一些正面作用（如促进慈善事业、扶贫济困等），不能认识到尽最大可能发挥宗教某种积极影响的关键问题。当然，也有不同或特殊情况，以宗教信仰或宗教参与和主观福利间的关系为例，国内外相关代表性研究主要来自微观数据的经验分析，且所得结论可大致分为 3 种：一是宗教信仰与主观福利呈正相关关系，或前者能明显提高后者水平（Smith and McCullough，2003；Gruber，2005；Rajeev et al.，2007 等）；二是宗教参与和主观福利有较强的负相关关系（Brown and Tierney，2009）；三是宗教信仰、宗教参与和总体主观福利（包含对物质生活、精神生活的评价）都没有显著的相关关系（阮荣平等，2011）。其中，认可第一种观点的学者占绝大多数，而分别持后两种观点的学者均寥寥可数。

总之，前人的探索为本研究奠定了坚实的基础。相较而言，本章的主要贡献在于：①突破研究思维定式：从宗教学跨学科视角分析、探讨农民主观贫困与主观福利问题，丰富了现有贫困理论和福利经济理论，并拓宽、加深了人们对相关学科基础的认识。②突破性发现：在其他因素不变的情况下，宗教信仰、宗教参与频率对农民主观贫困标准、主观贫困缺口均有正效应，但对他们主观贫困状态却有负影响（宗教因素具有主观减贫效应）。③突破过去学界主流认识：支持了近年少数学者的部分观点——"宗教信仰对农民总体主观福利没有显著关系"，同时发现提高宗教参与频率并无明显主观福利效应。

三、分析框架、数据变量及计量方法

(一) 分析框架

根据理性经济人假设和理性农民假说，农民信仰宗教与否或参与宗教活动频率高低均是他们理性选择的结果。其中，理性又可分为价值理性和工具理性（韦伯，1997），前者是农民有意识地对宗教无条件的纯粹信仰或参与，注重精神价值或意义性而不考虑结果；后者是农民基于功利主义动机以期实现目的效用最大化。然而，由于宗教的固有特性（伦理和功利上的两面性），农民宗教信仰或宗教参与需求是出于价值理性需求还是工具理性需求，一直存在争论且实证研究结果也各不相同。不过，更多研究表明，农民宗教信仰或宗教参与主要是一种以目的为导向的工具理性需求（Rodney and Roger，2000；Gruber and Dan，2008；郑风田等，2010；乐君杰、叶晗，2012）。换言之，在其他条件一定的情况下，相比不信仰或不参与宗教，信仰宗教或参与宗教更能为农民带来主观效用或客观效用，文中将主观贫困相关指标和主观福利水平作为农民主观效用的代理变量。

鉴于宗教信仰或宗教参与除部分价值性功能外更具工具性功能（如社会保障、心理安全归属需要、就业服务等），本章将通过经验分析来评价、检验宗教信仰或宗教参与频率对农民主观贫困标准、主观贫困状态、两类主观贫困缺口以及主观福利水平的影响效应。为此，在参照既有文献资料的逻辑和实证研究结果基础上，提出以下研究假设：

H1：信仰宗教、提高宗教参与频率均会显著提高农民主观贫困标准。

H2：信仰宗教、提高宗教参与频率均可显著降低农民陷入主观贫困的概率。

H3：信仰宗教、提高宗教参与频率均能显著扩大农民两类主观贫困缺口。

H4：信仰宗教、提高宗教参与频率对增进农民主观福利均有显著作用。

(二) 数据来源和变量说明

本章数据源自中国社会科学院创新工程"中国农民福祉研究"课题组2013年7—9月开展的农村实地调查。根据农民人均纯收入指标，将全国所有县级行政区（统称县）分成高、中、低3类，再从每类中各选取2个同省的县，最终确定江苏（洪泽县和启东市）、辽宁（兴城市和凤城市）、江西（安义县和星子县）、宁夏（盐池县和彭阳县）、贵州（晴隆县和纳雍县）5省（区）10县（市）作为样本地区。在上述县，均采用国家统计局分层随机抽样方法确定农村住户调查样本。原则上，每个样本住户以调查时实际在家的一位成年人为调查对象。此次入户调查共完成有效样本 1 000 份（户或人）。其中，有效样本以中年人（平均年龄为 50 岁）、男性、初中毕业或肄业、已婚、汉族以及身体健康者为主。

以下将简要说明文中所设因（自）变量（表 8－1）。为减少极端值干扰和纠正变量的偏态分布，价值类变量取对数值。

1. **关键变量** 调查问卷中受访农民的宗教信仰分为"无宗教信仰"、佛教、道教、回教或伊斯兰教、天主教、基督教、民间信仰以及其他正式宗教等八类，有别于封建迷信和异端邪教。因此，本章将除"无宗教信仰"以外的其他选项都定义为"有宗教信仰"，但有宗教信仰的农民所占比重并不大（21.4%）。此外，作为一个评价农民宗教信仰程度的最简单、最直观指标，宗教参与频率按高低不同可划分成极低频（几乎不参与）、低频（长期偶尔参与）、中频（中期不定期参与）和高频（短期定期参与）4 种，对应的农民类型分别占 79.31%、10.90%、1.72% 以及 8.07%。

2. **因变量** 遵循问题相关性或相似性原则，本章共设 5 个因变量。其中：（1）主观贫困标准，或称主观贫困线（SPL），在一定程度上是绝对贫困与相对贫困两概念的混合体。参照 Goedhart et al.（1977）和 Praag et al.（1980）的定义，本章以受访农民自评家庭生活所需纯收入的下限值除以户人口所得人均值作为农民主观贫困标准。（2）主观贫困状态（SPS）以农民主观贫困标准是否高于其家庭人均纯收入作为判定标准，当农民主观贫困标准高于家庭人均纯收入时，农民处于主观贫困，反之，摆脱或消除了主观贫困。（3）主观贫困Ⅰ型缺口（SPGⅠ），即农民主观贫困标准与实际纯收入的相对差额，是依照客观贫困距离或缺口定义而设计的主观贫困缺口指标，用于估测"穷人"在主观贫困标准以下的相对程度和让每个"穷人"达到主观贫困标准以上从而消灭主观贫困所需的转让比重，分析用样本仅含主观贫困农民。（4）主观贫困Ⅱ型缺口（SPGⅡ），指农民家庭人均期望收入与主观贫困标准间的绝对差额，用于测量农民期望收入与主观贫困标准间的距离或落差，所用样本为全体农民。（5）主观福利（SWB）以生活满意度为代理变量，分很不满意、不太满意、一般、比较满意以及非常满意 5 个等级。

3. **控制变量** 控制变量主要包括个体特征（如年龄、性别、受教育年限、政治面貌、民族类别、健康情况）、家庭因素（婚姻状况、人均消费支出）、就业状况（就业与否）以及地理区位（分东、中、西部省份）。选取并考察以上 4 部分的原因在于：一是这些社会统计变量在以往相关质性研究和经验研究中均有所提及、强调或检验（Lehrer，2004；Lelkes，2006；陈立中、张建华，2006；乐君杰、叶晗，2012 等）。二是样本中或模型构建所用指标的数据可得性问题。三是尽可能遵循外生准则和避免多重共线性。尤需说明的是，家庭人均纯收入变量仅用于 Hecman 两阶段模型的结果方程，不在其他计量模型的控制变量之列（旨在消除该变量引发的多重共线性和由反向因果关系所致的内生性）。

表 8-1　变量定义与描述性统计

变量符号	变量释义	均值	标准差	最小值	最大值	中位数
因变量						
主观贫困标准	自报家庭年人均生活所需最低收入（元），取自然对数	8.52	1.06	4.42	13.12	8.52
主观贫困状态	是否处于主观贫困，1＝是（年人均纯收入低于主观贫困标准），0＝否	0.19	0.39	0	1	0
主观贫困Ⅰ型缺口	（主观贫困标准－年人均纯收入）/主观贫困标准，截取值［0，1］	0.20	0.28	0	1	0
主观贫困Ⅱ型缺口	［年人均期望收入－主观贫困标准］（元），取自然对数	8.97	1.10	4.20	13.59	8.92
主观福利水平	用生活满意度衡量，很不满意＝1，不太满意＝2，一般＝3，比较满意＝4，非常满意＝5	3.60	1.15	0	5	4
关键变量						
宗教信仰	是否信仰宗教，1＝是，0＝否	0.21	0.41	0	1	0
宗教参与	参与频率，1＝极低频（几乎不参与），2＝低频，3＝中频，4＝高频	1.39	0.87	1	4	1
控制变量						
年龄	实际年龄（周岁）	50.13	12.85	17	83	50
性别	1＝男，0＝女	0.61	0.49	0	1	1
受教育年限	连续变量（年）	6.40	4.00	0	16	7
政治面貌	是否党员，是＝1，否＝0	0.17	0.38	0	1	0
婚姻状况	是否已婚，是＝1，否＝0	0.94	0.23	0	1	1
民族	是否汉族，是＝1，否＝0	0.70	0.46	0	1	1
健康状况	五分制，5分最高，1分最低。	4.29	1.04	1	5	5
是否就业	1＝是（务农、务工或自营等，经济独立），0＝否（做家务、不就业、休养、年老等，经济不独立）。	0.85	0.36	0	1	1

（续）

变量符号	变量释义	均值	标准差	最小值	最大值	中位数
控制变量						
东部省份	辽宁或江苏＝1，其他中西部三省＝0，以西部省份为对照。	0.40	0.49	0	1	0
中部省份	江西＝1，其他东、西部四省＝0，以西部省份为对照。	0.20	0.40	0	1	0
家庭年人均消费支出	单位：元，取自然对数。	8.59	0.93	5.12	11.59	8.65
家庭年人均纯收入	单位：元，取自然对数。仅用于Hecman 模型的结果方程中。	8.73	1.11	4.96	12.90	8.85

注：表中人均变量均是以户籍人口数为基准计算；主观贫困Ⅱ型缺口中，人均期望收入＝受访农民自评最理想的家庭收入水平/户人口数。

（三）计量分析模型与方法选择

根据所关注问题的不同性质和因变量、关键变量的数据特点，下文选择或构建了多种适宜的计量经济方法与模型以验证理论假设。

1. **宗教信仰或参与频率对主观贫困标准的影响**　鉴于分析用数据源自抽样调查，农民是否信仰宗教有可能遵循某些选择机制，而非一个随机行为或随机化分配结果。为此，本章用匹配估计量法以削弱由样本特性或虚拟变量内生性所致的自选择偏差问题。该方法使用向量模进行匹配以构建反事实框架，可评估农民宗教信仰的 3 种主观贫困标准效应。其中，平均处理效应（ATE）指给定农民个体特征 X（控制变量），从总体中随机选取一个信仰宗教的农民与假定该农民不信仰宗教时的主观贫困标准间的平均差异；处理组的平均处理效应（ATT）指给定农民个体特征 X，有宗教信仰的农民信仰宗教时的主观贫困标准，与假如该农民不信仰宗教时的主观贫困标准的平均差异；控制组的平均处理效应（ATC）指给定农民个体特征 X，假如无宗教信仰农民信仰宗教时的主观贫困标准，与其不信仰宗教时的主观贫困标准的平均差异。基本公式如下：

$$ATE=E\left[(\ln SPL_{1i}|D_i=1)-(\ln SPL_{0i}|D_i=0)|X\right]$$
$$ATT=E\left[(\ln SPL_{1i}-\ln SPL_{0i})|X,\ D_i=1\right] \quad (8-1)$$
$$ATC=E\left[(\ln SPL_{1i}-\ln SPL_{0i})|X,\ D_i=0\right]$$

式（8-1）中，D_i 是处理变量，取 1 表示信仰宗教，取 0 表示不信仰宗教；$\ln LPS_{1i}$、$\ln LPS_{0i}$ 分别表示有、无宗教信仰的农民个体 i 的主观贫困标准。

此外，在其他条件一定的情况下，为探究另一关键变量宗教参与频率对农民主观贫困标准的影响，设立如下计量模型：

$$\ln SPL_i = \alpha_0 + \alpha_1 Religionp_i + \beta X_i + \varepsilon_i \qquad (8-2)$$

式（8-2）中，$\ln LPS_i$ 表示农民个体 i 的主观贫困标准；$Religionp_i$ 表示农民个体 i 的宗教参与频率。据此式，运用稳健回归（RR）M 估计法以消除普通最小二乘法对异常数据的易受影响性。

2. 宗教信仰或参与频率对主观贫困状态的影响　农民主观贫困状态属于二值变量，故采用 logit 模型，利用最大似然估计法估计参数。

$$\text{Prob} (SPS_i = 1 | M_i) = \text{Prob} (SPS_i^* > 0 | M_i)$$

$$= \frac{\exp (M_i'\beta)}{1 + \exp (M_i'\beta)} = \Lambda (M_i'\beta) \qquad (8-3)$$

式（8-3）正是 logit 模型，其边际效应为：

$$\frac{\partial \text{Prob} (SPS_i = 1 | M_i)}{\partial M_i} = \Lambda' (M_i'\beta)\beta = \Lambda (M_i'\beta) (1 - \Lambda (M_i'\beta))\beta$$

$$(8-4)$$

其中，$\Lambda' (\cdot) = \Lambda (\cdot)(1 - \Lambda (\cdot))$，$\Lambda (\cdot)$ 为 Logistic 分布函数，概率取值在 0～1。以上两式中，因变量 SPS_i 为观测变量，SPS_i^* 为潜变量，M_i 为一组包括关键变量（$Religionb$ 或 $Religionp$）和控制变量（X）的自变量向量（下同）。

3. 宗教信仰或参与频率对主观贫困缺口的影响　文中主观贫困缺口分为主观贫困 I 型缺口和主观贫困 II 型缺口两种。鉴于主观贫困 I 型缺口的分析用数据为截断数据，因而适用截断回归模型。截断数据 $SPGI$ 的实际方程如下：

$$SPGI_i = M_i'\beta + \sigma \cdot \lambda_i + \varepsilon_i, \quad \lambda_i = \frac{\varphi(M_i'\beta/\sigma)}{\Phi(M_i'\beta/\sigma)} \qquad (8-5)$$

式（8-5）中 λ_i 即为逆 Mills 比率，$\Phi (\cdot)$ 和 $\varphi (\cdot)$ 分别表示标准正态分布的累积函数和概率密度函数。由于截断回归模型是非线性的，因此需使用最大似然估计去估计模型中参数 β 和 σ，而截断回归模型的似然函数为：

$$L = \prod_{i=1}^{N} \frac{\frac{1}{\sigma}\varphi((SPGI_i - M_i'\beta)/\sigma)}{\Phi(M_i'\beta/\sigma)} \qquad (8-6)$$

考虑到主观贫困 II 型缺口是受限因变量，故运用左侧删失 Tobit 模型。该模型采用最大似然估计可克服普通最小二乘法在估计截取数据时导致结果有偏和不一致的缺陷。其基本模型如下：

$$SPGII_i = \begin{cases} SPGII_i^* & SPGII_i^* > 0 \\ 0 & SPGII_i^* \leqslant 0 \end{cases} \qquad (8-7)$$

$$SPGII_i^* = \alpha_0 + M_i'\beta + \varepsilon_i$$

式（8-7）中，因变量 $SPGII_i^*$ 为潜变量，$SPGII_i$ 为 $SPGII_i^*$ 的观测变量。此外，Tobit 删失模型的回归系数解释不能直接给出，需经过变化求出连续或离散自变量的边际效应。

4. 宗教信仰或参与频率对主观福利水平的影响　虑及主观福利在一定程度上可解释主观贫困概念的对立面，因此本章将二者纳入同一研究框架。根据前文分析，农民的宗教信仰、宗教参与均存在理性成分，所以在其他条件一定的情况下，信仰宗教或参与宗教均可使农民主观福利水平至少能维持在不信仰宗教或不参与宗教时的主观福利水平，其作用机制可概括为社会支持（宗教组织施以援手或信徒间互爱互助）、社会控制（形成增加个体福利的基本规则）、情感支持（信徒间相互交流可减缓心理创伤）以及信仰体系（改变世界观、价值观和人生观）等 4 点（阮荣平等，2011）。即：

$$H\ (U\ (Religionb=1\ 或\ Religionp>1,\ X))\geqslant$$
$$H\ (U\ (Religionb=0\ 或\ Religionp=1,\ X)) \tag{8-8}$$

式（8-8）中，$U(\cdot)$ 表示个体的真实效用，Religionb=0 或 Religionp=1 分别表示不信仰宗教或极低频参与宗教，$H(\cdot)$ 是一个将农民个体真实效用与主观福利联系在一起的连续不可微函数（也是 U 的递增函数）。

农民主观福利水平属于多分类有序变量，且自变量多以离散型数据为主，故使用有序 Probit 模型来估计宗教信仰、宗教参与频率对农民主观福利选择概率的影响。该模型的潜在方程为：

$$SWB_i^* = \alpha_0 + M_i'\beta + \varepsilon_i \tag{8-9}$$

式（8-9）中，SWB_i^* 为不可观测的潜变量。假定存在分界点 δ_1、δ_2、δ_3、δ_4（$\delta_1 < \delta_2 < \delta_3 < \delta_4$）分别表示因变量的未知分割点，那么：

$$SWB_i = \begin{cases} 1, & 若\ SWB_i^* \leqslant \delta_1 \\ 2, & 若\ \delta_1 < SWB_i^* \leqslant \delta_2 \\ 3, & 若\ \delta_2 < SWB_i^* \leqslant \delta_3 \\ 4, & 若\ \delta_3 < SWB_i^* \leqslant \delta_4 \\ 5, & 若\ SWB_i^* > \delta_4 \end{cases} \tag{8-10}$$

进而 $SWB_i=1$、2、3、4、5 的概率依次为：

$$Prob.(SWB_i=1|M_i)=\Phi\ (\delta_1-M_i'\beta)$$
$$Prob.(SWB_i=2|M_i)=\Phi\ (\delta_2-M_i'\beta)-\Phi\ (\delta_1-M_i'\beta)$$
$$Prob.(SWB_i=3|M_i)=\Phi\ (\delta_3-M_i'\beta)-\Phi\ (\delta_2-M_i'\beta)$$
$$Prob.(SWB_i=4|M_i)=\Phi\ (\delta_4-M_i'\beta)-\Phi\ (\delta_3-M_i'\beta)$$
$$Prob.(SWB_i=5|M_i)=1-\Phi\ (\delta_4-M_i'\beta)$$

$$\tag{8-11}$$

式（8-11）中 Φ 为标准正态分布的累积密度函数。

四、实证分析结果与讨论

（一）宗教信仰、宗教参与和农民主观贫困

1. **主观贫困标准**　在多个连续协变量情况下，匹配农民与被匹配农民并不完全相同，简单匹配估计量会产生一个偏差项（Abadie & Imbens，2006）。因此，为消除匹配不精确时存在的偏差和解决条件方差不恒定问题，采用偏差矫正匹配估计量与异方差性的稳健方差估计量的组合方法。

估计结果表明（表8-2）：①平均处理效应（ATE）。总体上，若所有农民都信仰宗教与所有农民都不信仰宗教进行比较，农民信仰宗教可使主观贫困标准提高15.3%。②处理组的平均处理效应（ATT）。有宗教信仰农民信仰宗教的平均主观贫困标准效应为16.5%，比 ATE 大1.2个百分点。③控制组的平均处理效应（ATC）。无宗教信仰农民若选择信仰宗教，其主观贫困标准效应为15.0%。可见，宗教信仰显著地影响农民主观贫困标准，而其原因可能包括信仰宗教或参与宗教所需的消费支出、信徒间生活水平的比较心理以及宗教组织固有的某种社会保障功能可降低风险成本或帮助恢复生产能力的预期等。

表 8-2　采用偏差矫正匹配估计和稳健方差估计的平均处理效应

主观贫困标准	系数	标准误	Z 值	P 值	95%置信区间
ATT	0.165**	0.072	2.29	0.022	[0.024，0.306]
ATE	0.153**	0.071	2.16	0.031	[0.014，0.292]
ATC	0.150**	0.075	2.00	0.046	[0.003，0.297]

注：***、**、*分别表示在1%、5%和10%水平上显著，下同。

表8-3报告了稳健回归结果（为主）和 OLS 回归结果（参照作用），不难发现二者相似度很高。以稳健回归结果为例，宗教参与频率对农民主观贫困标准有显著正影响，即农民宗教参与频率每提高一个等级，其主观贫困标准提高0.04%，原因同上。此外，农民主观贫困标准还受年龄、性别、受教育年限、民族、是否东部或中部省份以及家庭人均消费支出等其他因素的影响。其中，农民年龄每增长一岁，其主观贫困标准下降0.01%；相反，农民受教育年限每增加1年或家庭人均消费支出每增加1个百分点，他们的主观贫困标准分别提高0.03%和0.73%；男性农民的主观贫困标准比女性农民高0.12%；汉族农民的主观贫困标准比少数民族农民约高0.10%；东、中部省份农民的主观贫困标准分别比西部农民高0.25%和0.29%。

表 8-3　宗教参与频率对农民主观贫困标准的影响

因（自）变量	主观贫困标准			
	稳健回归（RR）		OLS 回归	
	系数	标准差	系数	稳健标准差
宗教参与频率	0.04*	0.02	0.06**	0.03
年龄	−0.01***	0.002	−0.01***	0.002
性别	0.12***	0.05	0.11**	0.06
受教育年限	0.03***	0.01	0.03***	0.01
政治面貌	0.07	0.06	0.10	0.07
婚姻状况	−0.03	0.09	0.01	0.14
民族	0.10**	0.05	0.08	0.05
健康状况	0.03	0.02	0.03	0.02
是否就业	−0.02	0.07	−0.04	0.07
东部省份	0.25***	0.06	0.34***	0.06
中部省份	0.29***	0.05	0.43***	0.07
家庭年人均消费支出	0.73***	0.06	0.69***	0.04
常数	1.95***	0.27	2.28***	0.34
F	125.37***		74.31***	
观测值	933		933	

2. **主观贫困状态**　表 8-4 显示，宗教信仰、宗教参与频率分别在 1%、5% 显著性水平上对农民是否主观贫困影响显著。相比无宗教信仰的农民，信仰宗教的农民陷入主观贫困的概率要低 8%；农民宗教参与频率平均每提高一个等级，其陷入主观贫困的概率下降 5%。究其原因是宗教信仰或宗教参与能显著增加农民非农收入（乐君杰、叶晗，2012），本章调查数据也显示，信仰宗教农民的家庭人均纯收入比不信仰宗教农民家庭约高 3 817 元且在 1% 显著性水平显著，而且此种纯收入效应远大于其对主观贫困标准的影响。其内在机理是宗教组织作为一种沟通交流平台，可拓宽农民原有狭窄的社会网络或社会支持，从而获得更多有效信息（如非农就业机会）和衣食药物等物质援助。

同宗教因素一样，性别、受教育年限、婚姻状况、是否东部省份和是否中部省份等对农民是否主观贫困也有显著影响。其中，男性农民陷入主观贫困的概率比女性农民高 5%；受教育年限每增加一年，农民陷入主观贫困的概率增大 1%；已婚农民陷入主观贫困的概率比未婚农民低 24%；东、中部省份农民陷入主观贫困的概率分别比西部省份农民低 13% 和 7%。

表 8 - 4　宗教信仰或宗教参与频率对农民主观贫困状态的影响（logit 模型）

因（自）变量	是否主观贫困		因（自）变量	是否主观贫困	
	边际效应	稳健标准差		边际效应	稳健标准差
宗教信仰	−0.08***	0.03	宗教参与频率	−0.05**	0.02
年龄	0.001	0.001	年龄	0.001	0.001
性别	0.05*	0.03	性别	0.05*	0.03
受教育年限	0.01**	0.004	受教育年限	0.01**	0.004
政治面貌	−0.03	0.03	政治面貌	−0.03	0.03
婚姻状况	−0.24***	0.07	婚姻状况	−0.24***	0.07
民族	−0.01	0.03	民族	−0.01	0.03
健康状况	−0.01	0.01	健康状况	−0.01	0.01
是否就业	−0.06	0.04	是否就业	−0.06	0.04
东部省份	−0.13***	0.03	东部省份	−0.13***	0.03
中部省份	−0.07**	0.03	中部省份	−0.07**	0.03
家庭年人均消费支出	0.02	0.02	家庭年人均消费支出	0.02	0.02
卡方值	56.10***		卡方值	52.72***	
观测值	970		观测值	961	

3. 主观贫困缺口　表 8 - 5 中截断回归模型估计结果显示，除政治面貌外，宗教信仰、宗教参与频率分别在 1%、10% 显著性水平对主观贫困Ⅰ型缺口影响显著。对于有宗教信仰的"主观贫困农民"，其贫困缺口显著大于无宗教信仰的"主观贫困农民"；不仅如此，"主观贫困农民"宗教参与频率越高，其此类贫困缺口越大。对此，可能的解释是"主观贫困农民"群体信仰宗教或参与宗教的纯收入效应（负向、不显著①）远小于其对主观贫困标准的影响（正向），这一点与农民总体情况恰好相反，且可通过相关数据佐证。例如，信仰宗教或不信仰宗教的"主观贫困农民"家庭年人均纯收入分别为 4 979 元和 6 599 元，前者比后者少 1 620 元，但在统计学上并无显著差异。

此外，由左删失 Tobit 模型估计结果表明，宗教信仰、宗教参与频率均在 1% 显著性水平对主观贫困Ⅱ型缺口影响显著。即有宗教信仰农民的主观贫困Ⅱ型缺口比无宗教信仰农民大 0.33%；而农民宗教参与频率每提高一个等级，他们主观贫困Ⅱ型缺口增大 0.13%。与之前不同，此类贫困缺口扩大的原因是农民信仰宗教或参与宗教的期望收入效应远大于其对主观贫困标准的影响。

---

① 已验证，如需要相关估计结果，可与作者联系。

据统计，信仰宗教农民的家庭年人均期望收入比不信仰宗教的农民家庭高17 122元左右且在1‰显著性水平显著。不同宗教参与频率的农民家庭年人均期望收入对比情况类似。

除了宗教因素，农民主观贫困Ⅱ型缺口还受年龄、受教育年限、民族、健康状况、是否就业、是否东部或中部省份以及家庭年人均消费支出等因素的显著影响。其中，农民年龄每增长一岁，其主观贫困Ⅱ型缺口缩小0.01%；农民受教育年限每增加一年，其主观贫困Ⅱ型缺口增大0.02%；汉族农民的主观贫困Ⅱ型缺口比少数民族农民的大0.11%；农民身体健康状况每提高一个等级，其主观贫困Ⅱ型缺口约增大0.07%；就业农民的主观贫困Ⅱ型缺口比未就业农民约增大0.17%；东、中部省份农民的主观贫困Ⅱ型缺口依次比西部农民约增大0.40%和0.48%；家庭年人均消费支出水平每提高1个百分点，农民主观贫困Ⅱ型缺口约增大0.56%。

表 8-5 宗教信仰或参与频率对两类主观贫困缺口的影响

因（自）变量	Ⅰ型缺口 截断回归模型		Ⅱ型缺口 左删失 Tobit 模型		因（自）变量	Ⅰ型缺口 截断回归模型		Ⅱ型缺口 左删失 Tobit 模型	
	系数	稳健标准差	边际效应	稳健标准差		系数	稳健标准差	边际效应	稳健标准差
宗教信仰	0.16***	0.05	0.33***	0.08	宗教参与频率	0.05*	0.02	0.13***	0.04
年龄	0.001	0.002	−0.01***	0.002	年龄	0.001	0.002	−0.01***	0.002
性别	−0.05	0.06	−0.02	0.06	性别	−0.05	0.06	−0.01	0.07
受教育年限	−0.003	0.01	0.02***	0.01	受教育年限	−0.01	0.01	0.02***	0.01
政治面貌	−0.13**	0.06	0.11	0.08	政治面貌	−0.13**	0.06	0.11	0.08
婚姻状况	0.01	0.08	−0.05	0.14	婚姻状况	0.02	0.08	−0.02	0.14
民族	−0.05	0.05	0.11*	0.07	民族	−0.04	0.06	0.11*	0.07
健康状况	−0.02	0.02	0.06**	0.02	健康状况	−0.02	0.02	0.07***	0.02
是否就业	−0.02	0.07	0.17**	0.08	是否就业	−0.04	0.07	0.16*	0.08
东部省份	−0.10	0.06	0.41***	0.07	东部省份	−0.11	0.07	0.38***	0.07
中部省份	0.06	0.06	0.48***	0.09	中部省份	0.05	0.06	0.47***	0.09
家庭年人均消费支出	−0.01	0.02	0.55***	0.04	家庭年人均消费支出	−0.01	0.02	0.56***	0.04
常数	0.69***	0.26	—	—	常数	0.66**	0.27	—	—
卡方值	35.92***		37.76***		卡方值	24.32***		37.34***	
观测值	159（775）		907		观测值	155（771）		901	

（二）宗教信仰、宗教参与和农民主观福利

表8-6给出了基于 oprobit 模型的农民主观福利影响效应估计结果。从中可知，宗教信仰、宗教参与能提高农民主观福利水平，但在统计上都不显著，其含义是信仰宗教或提高宗教参与频率在现实中均很难增进农民主观福利，而这与以往研究结果、理论假设不完全一致或截然相反（可能是由宗教归类差异、国别差异、地域差异或样本代表性差异所致）。计量结果还表明，农民主观福利水平还受年龄、政治面貌、婚姻状况、健康状况、是否东部省份以及家庭年人均消费支出等其他因素的显著影响。其中，年龄越大、身体越健康抑或家庭年人均消费支出越高，农民主观福利水平越高；而且，已婚农民、党员农民和东部农民的主观福利水平依序明显高于未婚农民、非党员农民以及西部农民。

表8-6　宗教信仰或参与频率对农民主观福利水平的影响

因（自）变量	主观福利水平		因（自）变量	主观福利水平	
	系数	稳健标准差		系数	稳健标准差
宗教信仰	0.08	0.08	宗教参与频率	0.05	0.04
年龄	0.01***	0.003	年龄	0.01***	0.003
性别	0.11	0.08	性别	0.11	0.08
受教育年限	0.002	0.01	受教育年限	0.003	0.01
政治面貌	0.34***	0.10	政治面貌	0.34***	0.10
婚姻状况	0.32**	0.15	婚姻状况	0.35**	0.16
民族	0.05	0.08	民族	0.05	0.08
健康状况	0.13***	0.04	健康状况	0.13***	0.04
是否就业	0.04	0.11	是否就业	0.04	0.11
东部省份	0.33***	0.09	东部省份	0.33***	0.09
中部省份	0.08	0.10	中部省份	0.07	0.10
家庭年人均消费支出	0.23***	0.04	家庭年人均消费支出	0.23***	0.04
Cut1	2.30	0.46	Cut1	2.38	0.46
Cut2	2.77	0.46	Cut2	2.84	0.47
Cut3	3.77	0.47	Cut3	3.84	0.47
Cut4	4.66	0.47	Cut4	4.73	0.48
卡方值	128.56***		卡方值	130.19***	
观测值	970		观测值	961	

（三）稳健性检验

稳健性检验方法多样，本章从计量方法变更和样本数据分类角度进行：①以 Hecman 两阶段模型或倾向值匹配法替代"稳健方差-偏差矫正匹配估计量"法去估计宗教信仰对农民主观贫困标准的影响。②用稳健回归（RR）和 OLS 回归分别估计宗教参与频率对农民主观贫困标准的影响，以互相印证。③以二元 probit 模型替换二元 logit 模型去估计宗教信仰或参与频率对农民主观贫困状态的影响。④用两分样本替换全样本，但保持方法不变。即分别以截断回归模型和左删失 Tobit 模型去估计宗教信仰或参与频率对男、女农民主观贫困Ⅰ型和Ⅱ型缺口的影响。⑤以 ologit 模型替换 oprobit 模型去估计宗教信仰或参与频率对农民主观福利水平的影响。

以 Hecman 两阶段模型为例，该模型通过结果方程导入由选择方程得到的 Selection 修正项（逆 Mills 比 λ）来估计宗教信仰对农民主观贫困标准的影响。

选择方程：$\text{Probit}(Religionb_i=0，1)=Z_i\gamma+\varepsilon_i$ (8-12)

结果方程：$\ln SPL_j=\lambda_{1,i}\delta+X'_i\beta+\mu_i$ (8-13)

式（8-12）中，probit 表示农民信仰宗教的概率，$Religionb_i$ 表示农民个体 i 信仰宗教，Z 为一组协变量，如年龄、受教育程度、政治面貌、婚姻状况、民族、健康状况、就业状况、是否东部省份、是否中部省份以及家庭年人均消费支出等，$\varepsilon_i \sim N(0，1)$ 为随机扰动项。对于式（8-13），当且仅当 $\text{Probit}(Religionb_i=0，1)>0$ 时，$\ln SPL_j$ 才能被观测到，X' 为一组自变量，μ 为服从 $N(0，\sigma)$ 分布的随机扰动项。结果方程与普通最小二乘法不同之处在于前者加入了逆米尔斯比以克服样本的选择性偏差。

表 8-7 显示，Heckman 两阶段模型的 Wald chi2 Tests 在 1‰显著性水平显著，表明模型拟合效果较好；同时，逆米尔斯比在统计上极显著，说明采用该模型是合适的。宗教信仰对农民主观贫困标准影响显著，即有宗教信仰农民的主观贫困标准比无宗教信仰农民高 0.72%。此外，由此模型得出的其他影响农民主观贫困标准的主要因素包括受教育年限、婚姻状况、健康状况、是否东部省份、是否中部省份以及人均纯收入等。其中，已婚农民的主观贫困标准明显低于未婚农民；农民身体越健康，主观贫困标准越高；农民年人均纯收入每增加 1%，其主观贫困标准分别提高 0.70%。

另由表中选择方程估计结果可知，年龄、受教育年限、就业状况、是否东部或中部省份以及家庭年人均消费支出等因素在不同显著性水平对农民是否选择信仰宗教影响显著。

表 8 - 7　Hecman 两阶段模型下宗教信仰对农民主观贫困标准的影响

因（自）变量	结果方程：主观贫困标准		因（自）变量	选择方程：宗教信仰	
	系数	稳健标准差		系数	稳健标准差
年龄	−0.003	0.002	年龄	−0.01***	0.004
性别	0.07	0.05	受教育年限	−0.03**	0.01
受教育年限	0.03***	0.01	政治面貌	−0.11	0.13
政治面貌	0.02	0.06	婚姻状况	0.25	0.22
婚姻状况	−0.22**	0.10	民族	−0.07	0.11
民族	0.06	0.05	健康状况	0.06	0.05
健康状况	−0.06**	0.02	是否就业	−0.24*	0.14
是否就业	−0.09	0.07	东部省份	−0.43***	0.12
东部省份	0.16***	0.06	中部省份	0.22*	0.13
中部省份	0.13*	0.07	家庭年人均消费支出	0.26***	0.05
家庭年人均收入	0.70***	0.02	常数	−2.37***	0.62
宗教信仰	0.72***	0.11	—	—	—
常数	2.61***	0.26			
逆米尔斯比 λ	−0.40***	0.06	卡方值	1 641.16***	
观测值	932				

　　综合以上全部检验结果发现，宗教信仰、宗教参与频率对文中所设因变量的回归系数或净效应值在符号和显著性上均未发生根本性变化，所得结论也与前文报告的结果一致，这充分说明本章结论稳健性良好。

五、结论与政策启示

　　本章在理论分析和全国部分省域农户微观调研数据基础上，对宗教信仰、宗教参与频率分别与农民主观贫困标准、主观贫困状态、主观贫困缺口和主观福利水平之间的关系进行了实证考察。

　　所得主要结论有：其一，信仰宗教或增大宗教参与频率会显著提高农民主观贫困标准。其他因素如年龄、性别、受教育年限、民族、地理区位（东、中部省份）和家庭人均消费支出等对农民主观贫困标准也有显著影响。其二，信仰宗教或提高宗教参与频率能显著降低农民陷入主观贫困的概率，即具有主观减贫效应。此外，农民主观贫困状态还受性别、受教育年限、婚姻状况以及地理区位（东、中部省份）的显著影响。其三，信仰宗教或提高宗教参与频率可显著扩大农民 2 种主观贫困缺口。除宗教因素外，其中，影响农民主观贫困 I

型缺口的主要因素还有政治面貌，而影响农民主观贫困Ⅱ型缺口的其他因素包括年龄、受教育年限、民族、健康状况、是否就业、地理区位（东、中部省份）和家庭人均消费支出。其四，信仰宗教或提高宗教参与频率对增进农民主观福利均无明显作用。但年龄、政治面貌、婚姻状况、健康状况、是否东部省份以及家庭人均消费支出等其他因素对农民主观福利水平影响显著。其五，年龄、受教育年限、就业状况、地理区位（东、中部省份）和家庭人均消费支出等因素对农民是否信仰宗教影响显著。

根据以上研究结论，可供参考的政策建议有：第一，强化乡村宗教事务管理和服务，发挥农村宗教组织或团体的正面积极作用，增强信教农民互帮互助意识和凝聚力，扩大农村社会资本存量和增量，以提高农民实际收入，降低他们陷入主观贫困概率。第二，完善农村社会保障制度，有效解决农民基本生产生活困难，以适度弱化他们信仰或参与宗教的功利主义，并通过宗教价值理性劝导他们调低过高期望或节制不合理欲望，缩小主观贫困缺口。第三，引导农民牢固树立和坚持正确的马克思主义宗教观，抑或信仰、参与那些使人保持优良工作生活态度的宗教教义或活动，以提升信教农民主观福利水平或幸福感。

中共中央　国务院关于打赢脱贫
攻坚战三年行动的指导意见

（2018 年 6 月 15 日）

党的十八大以来，以习近平同志为核心的党中央把脱贫攻坚工作纳入"五位一体"总体布局和"四个全面"战略布局，作为实现第一个百年奋斗目标的重点任务，作出一系列重大部署和安排，全面打响脱贫攻坚战。过去 5 年，我们采取超常规举措，以前所未有的力度推进脱贫攻坚，农村贫困人口显著减少，贫困发生率持续下降，解决区域性整体贫困迈出坚实步伐，贫困地区农民生产生活条件显著改善，贫困群众获得感显著增强，脱贫攻坚取得决定性进展，创造了我国减贫史上的最好成绩。过去 5 年，我们充分发挥政治优势和制度优势，构筑了全社会扶贫的强大合力，建立了中国特色的脱贫攻坚制度体系，为全球减贫事业贡献了中国智慧和中国方案，谱写了人类反贫困史上的辉煌篇章。

党的十九大明确把精准脱贫作为决胜全面建成小康社会必须打好的三大攻坚战之一，作出了新的部署。从脱贫攻坚任务看，未来 3 年，还有 3 000 万左右农村贫困人口需要脱贫，其中因病、因残致贫比例居高不下，在剩余 3 年时间内完成脱贫目标，任务十分艰巨。特别是西藏、四省藏区、南疆四地州和四川凉山州、云南怒江州、甘肃临夏州（以下简称"三区三州"）等深度贫困地区，不仅贫困发生率高、贫困程度深，而且基础条件薄弱、致贫原因复杂、发展严重滞后、公共服务不足，脱贫难度更大。从脱贫攻坚工作看，形式主义、官僚主义、弄虚作假、急躁和厌战情绪以及消极腐败现象仍然存在，有的还很严重，影响脱贫攻坚有效推进。必须清醒地把握打赢脱贫攻坚战的困难和挑战，切实增强责任感和紧迫感，一鼓作气、尽锐出战、精准施策，以更有力的行动、更扎实的工作，集中力量攻克贫困的难中之难、坚中之坚，确保坚决打赢脱贫这场对如期全面建成小康社会、实现第一个百年奋斗目标具有决定性意义的攻坚战。

按照党的十九大关于打赢脱贫攻坚战总体部署，根据各地区各部门贯彻落实《中共中央　国务院关于打赢脱贫攻坚战的决定》的进展和实践中存在的突出问题，现就完善顶层设计、强化政策措施、加强统筹协调，推动脱贫攻坚工作更加有效开展，制定以下指导意见。

一、全面把握打赢脱贫攻坚战三年行动的总体要求

（一）指导思想

全面贯彻党的十九大和十九届二中、三中全会精神，以习近平新时代中国特色社会主义思想为指导，充分发挥政治优势和制度优势，坚持精准扶贫精准脱贫基本方略，坚持中央统筹、省负总责、市县抓落实的工作机制，坚持大扶贫工作格局，坚持脱贫攻坚目标和现行扶贫标准，聚焦深度贫困地区和特殊贫困群体，突出问题导向，优化政策供给，下足绣花功夫，着力激发贫困人口内生动力，着力夯实贫困人口稳定脱贫基础，着力加强扶贫领域作风建设，切实提高贫困人口获得感，确保到2020年贫困地区和贫困群众同全国一道进入全面小康社会，为实施乡村振兴战略打好基础。

（二）任务目标

到2020年，巩固脱贫成果，通过发展生产脱贫一批，易地搬迁脱贫一批，生态补偿脱贫一批，发展教育脱贫一批，社会保障兜底一批，因地制宜综合施策，确保现行标准下农村贫困人口实现脱贫，消除绝对贫困；确保贫困县全部摘帽，解决区域性整体贫困。实现贫困地区农民人均可支配收入增长幅度高于全国平均水平。实现贫困地区基本公共服务主要领域指标接近全国平均水平，主要有：贫困地区具备条件的乡镇和建制村通硬化路，贫困村全部实现通动力电，全面解决贫困人口住房和饮水安全问题，贫困村达到人居环境干净整洁的基本要求，切实解决义务教育学生因贫失学辍学问题，基本养老保险和基本医疗保险、大病保险实现贫困人口全覆盖，最低生活保障实现应保尽保。集中连片特困地区和革命老区、民族地区、边疆地区发展环境明显改善，深度贫困地区如期完成全面脱贫任务。

（三）工作要求

坚持严格执行现行扶贫标准。严格按照"两不愁三保障"要求，确保贫困人口不愁吃、不愁穿；保障贫困家庭孩子接受九年义务教育，确保有学上、上得起学；保障贫困人口基本医疗需求，确保大病和慢性病得到有效救治和保障；保障贫困人口基本居住条件，确保住上安全住房。要量力而行，既不能降低标准，也不能擅自拔高标准、提不切实际的目标，避免陷入"福利陷阱"，

防止产生贫困村和非贫困村、贫困户和非贫困户待遇的"悬崖效应",留下后遗症。

坚持精准扶贫精准脱贫基本方略。做到扶持对象精准、项目安排精准、资金使用精准、措施到户精准、因村派人(第一书记)精准、脱贫成效精准,因地制宜、从实际出发,解决好扶持谁、谁来扶、怎么扶、如何退问题,做到扶真贫、真扶贫,脱真贫、真脱贫。

坚持把提高脱贫质量放在首位。牢固树立正确政绩观,不急功近利,不好高骛远,更加注重帮扶的长期效果,夯实稳定脱贫、逐步致富的基础。要合理确定脱贫时序,不搞层层加码,不赶时间进度、搞冲刺,不搞拖延耽误,确保脱贫攻坚成果经得起历史和实践检验。

坚持扶贫同扶志扶智相结合。正确处理外部帮扶和贫困群众自身努力的关系,强化脱贫光荣导向,更加注重培养贫困群众依靠自力更生实现脱贫致富的意识,更加注重提高贫困地区和贫困人口自我发展能力。

坚持开发式扶贫和保障性扶贫相统筹。把开发式扶贫作为脱贫基本途径,针对致贫原因和贫困人口结构,加强和完善保障性扶贫措施,造血输血协同,发挥两种方式的综合脱贫效应。

坚持脱贫攻坚与锤炼作风、锻炼队伍相统一。把脱贫攻坚战场作为培养干部的重要阵地,强化基层帮扶力量,密切党同人民群众血肉联系,提高干部干事创业本领,培养了解国情和农村实际的干部队伍。

坚持调动全社会扶贫积极性。充分发挥政府和社会两方面力量作用,强化政府责任,引导市场、社会协同发力,构建专项扶贫、行业扶贫、社会扶贫互为补充的大扶贫格局。

二、集中力量支持深度贫困地区脱贫攻坚

(一)着力改善深度贫困地区发展条件

推进深度贫困地区交通建设攻坚,加快实施深度贫困地区具备条件的建制村通硬化路工程。加快实施深度贫困地区农村饮水安全巩固提升工程。加快深度贫困地区小型水利工程建设,推进深度贫困地区在建重大水利工程建设进度。推进深度贫困地区农村电网建设攻坚,实现农网动力电全覆盖。加强"三区三州"电网建设,加快解决网架结构薄弱、供电质量偏低等问题。加大深度贫困地区互联网基础设施建设投资力度,加快实现深度贫困地区贫困村网络全覆盖。推进深度贫困地区整合资金、统一规划、统筹实施农村土地综合整治和高标准农田建设。推进西藏、四省藏区、新疆南疆退耕还林还草、退牧还草工程。加快岩溶地区石漠化综合治理、西藏生态安全屏障、青海三江源生态保

护、祁连山生态保护和综合治理等重点工程建设。实施贫困村提升工程。

（二）着力解决深度贫困地区群众特殊困难

全面实施"三区三州"健康扶贫攻坚行动，重点做好包虫病、艾滋病、大骨节病、结核病等疾病综合防治。加强禁毒脱贫工作，分级分类落实禁毒脱贫举措。采取特殊措施和手段推动人口较少民族贫困人口精准脱贫。全面落实边民补助、住房保障等守边固边政策，改善抵边一线乡村交通、饮水等条件，启动实施抵边村寨电网升级改造攻坚计划，加快推进边境村镇宽带网络建设。稳妥推进新疆南疆土地清理再分配改革，建立土地经营与贫困户直接挂钩的利益分配机制。

（三）着力加大深度贫困地区政策倾斜力度

中央财政进一步增加对深度贫困地区专项扶贫资金、教育医疗保障等转移支付，加大重点生态功能区转移支付、农村危房改造补助资金、中央预算内投资、车购税收入补助地方资金、县级基本财力保障机制奖补资金等对深度贫困地区的倾斜力度，增加安排深度贫困地区一般债券限额。规范扶贫领域融资，依法发行地方政府债券，加大深度贫困地区扶贫投入。新增金融资金优先满足深度贫困地区，新增金融服务优先布局深度贫困地区，对深度贫困地区发放的精准扶贫贷款实行差异化贷款利率。保障深度贫困地区产业发展、基础设施建设、易地扶贫搬迁、民生发展等用地，对土地利用规划计划指标不足部分由中央协同所在省份解决。深度贫困地区开展城乡建设用地增减挂钩可不受指标规模限制，建立深度贫困地区城乡建设用地增减挂钩节余指标跨省域调剂使用机制。深度贫困地区建设用地涉及农用地转用和土地征收的，依法加快审批。在援藏援疆援青工作中，进一步加大对"三区三州"等深度贫困地区干部选派倾斜支持力度。

三、强化到村到户到人精准帮扶举措

（一）加大产业扶贫力度

深入实施贫困地区特色产业提升工程，因地制宜加快发展对贫困户增收带动作用明显的种植养殖业、林草业、农产品加工业、特色手工业、休闲农业和乡村旅游，积极培育和推广有市场、有品牌、有效益的特色产品。将贫困地区特色农业项目优先列入优势特色农业提质增效行动计划，加大扶持力度，建设一批特色种植养殖基地和良种繁育基地。支持有条件的贫困县创办一二三产业融合发展扶贫产业园。组织国家级龙头企业与贫困县合作创建绿色食品、有机农产品原料标准化基地。实施中药材产业扶贫行动计划，鼓励中医药企业到贫困地区建设中药材基地。多渠道拓宽农产品营销渠道，推动批发市场、电商企业、大型超市等市场主体与贫困村建立长期稳定的产销关系，支持供销、邮政及各类企业把服务网点延伸到贫困村，推广以购代捐的扶贫模式，组织开展贫困地区农产品定向直供直销学校、医院、机关食堂和交易市场活动。加快推进"快递下乡"工程，完善贫困地区农村物流配送体系，加强特色优势农产品生产基地冷链设施建设。推动邮政与快递、交通运输企业在农村地区扩展合作范围、合作领域和服务内容。完善新型农业经营主体与贫困户联动发展的利益联结机制，推广股份合作、订单帮扶、生产托管等有效做法，实现贫困户与现代农业发展有机衔接。建立贫困户产业发展指导员制度，明确到户帮扶干部承担产业发展指导职责，帮助贫困户协调解决生产经营中的问题。鼓励各地通过政府购买服务方式向贫困户提供便利高效的农业社会化服务。实施电商扶贫，优先在贫困县建设农村电子商务服务站点。继续实施电子商务进农村综合示范项目。动员大型电商企业和电商强县对口帮扶贫困县，推进电商扶贫网络频道建设。积极推动贫困地区农村资源变资产、资金变股金、农民变股东改革，制定实施贫困地区集体经济薄弱村发展提升计划，通过盘活集体资源、入股或参股、量化资产收益等渠道增加集体经济收入。在条件适宜地区，以贫困村村级光伏电站建设为重点，有序推进光伏扶贫。支持贫困县整合财政涉农资金发展特色产业。鼓励地方从实际出发利用扶贫资金发展短期难见效、未来能够持续发挥效益的产业。规范和推动资产收益扶贫工作，确保贫困户获得稳定收益。将产业扶贫纳入贫困县扶贫成效考核和党政一把手离任审计，引导各地发展长期稳定的脱贫产业项目。

（二）全力推进就业扶贫

实施就业扶贫行动计划，推动就业意愿、就业技能与就业岗位精准对接，提高劳务组织化程度和就业脱贫覆盖面。鼓励贫困地区发展生态友好型劳动密集型产业，通过岗位补贴、场租补贴、贷款支持等方式，扶持企业在贫困乡村发展一批扶贫车间，吸纳贫困家庭劳动力就近就业。推进贫困县进城务工农民创业园建设，加大创业担保贷款、创业服务力度，推动创业带动就业。鼓励开发多种形式的公益性岗位，通过以工代赈、以奖代补、劳务补助等方式，动员更多贫困群众参与小型基础设施、农村人居环境整治等项目建设，吸纳贫困家庭劳动力参与保洁、治安、护路、管水、扶残助残、养老护理等，增加劳务收入。深入推进扶贫劳务协作，加强劳务输出服务工作，在外出劳动力就业较多的城市建立服务机构，提高劳务对接的组织化程度和就业质量。东部地区要组织企业到西部地区建设产业园区，吸纳贫困人口稳定就业。西部地区要组织贫困人口到东部地区就业。实施家政和护工服务劳务对接扶贫行动，打造贫困地区家政和护工服务品牌，完善家政和护工就业保障机制。实施技能脱贫专项行动，统筹整合各类培训资源，组织有就业培训意愿的贫困家庭劳动力参加劳动预备制培训、岗前培训、订单培训和岗位技能提升培训，按规定落实职业培训补贴政策。推进职业教育东西协作行动，实现东西部职业院校结对帮扶全覆盖，深入实施技能脱贫千校行动，支持东部地区职业院校招收对口帮扶的西部地区贫困家庭学生，帮助有在东部地区就业意愿的毕业生实现就业。在人口集中和产业发展需要的贫困地区办好一批中等职业学校（含技工学校），建设一批职业技能实习实训基地。

（三）深入推动易地扶贫搬迁

全面落实国家易地扶贫搬迁政策要求和规范标准，结合推进新型城镇化，进一步提高集中安置比例，稳妥推进分散安置并强化跟踪监管，完善安置区配套基础设施和公共服务设施，严守贫困户住房建设面积和自筹资金底线，统筹各项扶贫和保障措施，确保完成剩余 390 万左右贫困人口搬迁建设任务，确保搬迁一户、稳定脱贫一户。按照以岗定搬、以业定迁原则，加强后续产业发展和转移就业工作，确保贫困搬迁家庭至少 1 个劳动力实现稳定就业。在自然条件和发展环境异常恶劣地区，结合行政村规划布局调整，鼓励实施整村整组搬迁。今后 3 年集中力量完成"十三五"规划的建档立卡贫困人口搬迁任务，确保具备搬迁安置条件的贫困人口应搬尽搬，逐步实施同步搬迁。对目前不具备搬迁安置条件的贫困人口，优先解决其"两不愁三保障"问题，今后可结合实施乡村振兴战略压茬推进，通过实施生态宜居搬迁和有助于稳定脱贫、逐步致富的其他形式搬迁，继续稳步推进。加强安置区社区管理和服务，切实做好搬迁群众户口迁移、上学就医、社会保障、心理疏导等接续服务工作，引导搬迁群众培养良好生活习惯，尽快融入新环境新社区。强化易地扶贫搬迁督促检查，确保高质量完成易地扶贫搬迁目标任务。

（四）加强生态扶贫

创新生态扶贫机制，加大贫困地区生态保护修复力度，实现生态改善和脱贫双赢。推进生态保护扶贫行动，到 2020 年在有劳动能力的贫困人口中新增选聘生态护林员、草管员岗位 40 万个。加大对贫困地区天然林保护工程建设支持力度。探索天然林、集体公益林托管，推广"合作社＋管护＋贫困户"模式，吸纳贫困人口参与管护。建设生态扶贫专业合作社（队），吸纳贫困人口参与防沙治沙、石漠化治理、防护林建设和储备林营造。推进贫困地区低产低效林提质增效工程。加大贫困地区新一轮退耕还林还草支持力度，将新增退耕还林还草任务向贫困地区倾斜，在确保省级耕地保有量和基本农田保护任务前提下，将 25 度以上坡耕地、重要水源地 15－25 度坡耕地、陡坡梯田、严重石漠化耕地、严重污染耕地、移民搬迁撂荒耕地纳入新一轮退耕还林还草工程范围，对符合退耕政策的贫困村、贫困户实现全覆盖。结合建立国家公园体制，多渠道筹措资金，对生态核心区内的居民实施生态搬迁，带动贫困群众脱贫。深化贫困地区集体林权制度改革，鼓励贫困人口将林地经营权入股造林合作社，增加贫困人口资产性收入。完善横向生态保护补偿机制，让保护生态的贫困县、贫困村、贫困户更多受益。鼓励纳入碳排放权交易市场的重点排放单位购买贫困地区林业碳汇。

（五）着力实施教育脱贫攻坚行动

以保障义务教育为核心，全面落实教育扶贫政策，进一步降低贫困地区特别是深度贫困地区、民族地区义务教育辍学率，稳步提升贫困地区义务教育质量。强化义务教育控辍保学联保联控责任，在辍学高发区"一县一策"制定工作方案，实施贫困学生台账化精准控辍，确保贫困家庭适龄学生不因贫失学辍学。全面推进贫困地区义务教育薄弱学校改造工作，重点加强乡镇寄宿制学校和乡村小规模学校建设，确保所有义务教育学校达到基本办学条件。实施好农村义务教育学生营养改善计划。在贫困地区优先实施教育信息化 2.0 行动计划，加强学校网络教学环境建设，共享优质教育资源。改善贫困地区乡村教师待遇，落实教师生活补助政策，均衡配置城乡教师资源。加大贫困地区教师特岗计划实施力度，深入推进义务教育阶段教师校长交流轮岗和对口帮扶工作，国培计划、公费师范生培养、中小学教师信息技术应用能力提升工程等重点支持贫困地区。鼓励通过公益捐赠等方式，设立贫困地区优秀教师奖励基金，用于表彰长期扎根基层的优秀乡村教师。健全覆盖各级各类教育的资助政策体系，学生资助政策实现应助尽助。加大贫困地区推广普及国家通用语言文字工作力度。开展民族地区学前儿童学习普通话行动。

（六）深入实施健康扶贫工程

将贫困人口全部纳入城乡居民基本医疗保险、大病保险和医疗救助保障范围。落实贫困人口参加城乡居民基本医疗保险个人缴费财政补贴政策，实施扶贫医疗救助。切实降低贫困人口就医负担，在严格费用管控、确定诊疗方案、确定单病种收费标准、规范转诊和集中定点救治的基础上，对城乡居民基本医疗保险和大病保险支付后自负费用仍有困难的患者，加大医疗救助和其他保障政策的帮扶力度。全面落实农村贫困人口县域内定点医疗机构住院治疗先诊疗后付费，在定点医院设立综合服务窗口，实现各项医疗保障政策"一站式"信息交换和即时结算。在贫困地区加快推进县乡村三级卫生服务标准化建设，确保每个贫困县建好1～2所县级公立医院（含中医院），加强贫困地区乡镇卫生院和村卫生室能力建设。深入实施医院对口帮扶，全国963家三级医院与832个贫困县的1 180家县级医院结对帮扶，为贫困县医院配置远程医疗设施设备，全面建成从三级医院到县医院互联互通的远程医疗服务网络。贫困地区每个乡镇卫生院至少设立1个全科医生特岗。支持地方免费培养农村高职（专科）医学生，经助理全科医生培训合格后，补充到贫困地区村卫生室和乡镇卫生院。贫困地区可在现有编制总量内直接面向人才市场选拔录用医技人员，选拔录用时优先考虑当地医疗卫生事业紧缺人才。全面实施贫困地区县乡村医疗卫生机构一体化管理，构建三级联动的医疗服务和健康管理平台，为贫困群众提供基本健康服务。加强对贫困地区慢性病、常见病的防治，开展专项行动，降低因病致贫返贫风险。开展地方病和重大传染病攻坚行动，实施预防、筛查、治疗、康复、管理的全过程综合防治。贫困地区妇女宫颈癌、乳腺癌检查和儿童营养改善、新生儿疾病筛查项目扩大到所有贫困县。开展和规范家庭医生（乡村医生）签约服务，落实签约服务政策，优先为妇幼、老人、残疾人等重点人群开展健康服务和慢性病综合防控，做好高血压、糖尿病、结核病、严重精神障碍等慢性病规范管理。实施贫困地区健康促进三年行动计划。将脱贫攻坚与落实生育政策紧密结合，倡导优生优育，利用基层计划生育服务力量，加强出生缺陷综合防治宣传教育。

（七）加快推进农村危房改造

允许各省（自治区、直辖市）根据国务院主管部门制定的原则，结合各自实际推广简便易行的危房鉴定程序，规范对象认定程序，建立危房台账并实施精准管理，改造一户、销档一户，确保完成建档立卡贫困户等4类重点对象危房改造任务。明确农村危房改造基本安全要求，保证正常使用安全和基本使用功能。因地制宜推广农房加固改造，在危房改造任务较重的省份开展农房加固改造示范，结合地方实际推广现代生土农房等改良型传统民居，鼓励通过闲置农房置换或长期租赁等方式，兜底解决特殊贫困群体基本住房安全问题。落实各级补助资金，完善分类分级补助标准。加强补助资金使用管理和监督检查，支付给农户的资金要及时足额直接拨付到户。建立完善危房改造信息公示制度。

（八）强化综合保障性扶贫

统筹各类保障措施，建立以社会保险、社会救助、社会福利制度为主体，以社会帮扶、社工助力为辅助的综合保障体系，为完全丧失劳动能力和部分丧失劳动能力且无法依靠产业就业帮扶脱贫的贫困人口提供兜底保障。完善城乡居民基本养老保险制度，对符合条件的贫困人口由地方政府代缴城乡居民养老保险费。继续实施社会服务兜底工程，加快建设为老年人、残疾人、精神障碍患者等特殊群体提供服务的设施。鼓励各地通过互助养老、设立孝善基金等途径，创新家庭养老方式。加快建立贫困家庭"三留守"关爱服务体系，落实家庭赡养、监护照料法定义务，探索建立信息台账和定期探访制度。完善农村低保制度，健全低保对象认定方法，将完全丧失劳动能力和部分丧失劳动能力且无法依靠产业就业帮扶脱贫的贫困人口纳入低保范围。对地广人稀的贫困地区适度降低国家救灾应急响应启动条件。加大临时救助力度，及时将符合条件的返贫人口纳入救助范围。

（九）开展贫困残疾人脱贫行动

将符合条件的建档立卡贫困残疾人纳入农村低保和城乡医疗救助范围。完善困难残疾人生活补贴和重度残疾人护理补贴制度，有条件的地方逐步扩大政策覆盖面。深入实施"福康工程"等残疾人精准康复服务项目，优先为贫困家庭有康复需求的残疾人提供基本康复服务和辅助器具适配服务。对 16 周岁以上有长期照料护理需求的贫困重度残疾人，符合特困人员救助供养条件的纳入特困人员救助供养；不符合救助供养条件的，鼓励地方通过政府补贴、购买服务、设立公益性岗位、集中托养等多种方式，为贫困重度残疾人提供集中照料或日间照料、邻里照护服务。逐步推进农村贫困重度残疾人家庭无障碍改造。实施第二期特殊教育提升计划，帮助贫困家庭残疾儿童多种形式接受义务教育，加快发展非义务教育阶段特殊教育。资产收益扶贫项目要优先安排贫困残疾人家庭。

（十）开展扶贫扶志行动

加强教育引导，开展扶志教育活动，创办脱贫攻坚"农民夜校"、"讲习所"等，加强思想、文化、道德、法律、感恩教育，弘扬自尊、自爱、自强精神，防止政策养懒汉、助长不劳而获和"等靠要"等不良习气。加大以工代赈实施力度，动员更多贫困群众投工投劳。推广以表现换积分、以积分换物品的"爱心公益超市"等自助式帮扶做法，实现社会爱心捐赠与贫困群众个性化需求的精准对接。鼓励各地总结推广脱贫典型，宣传表彰自强不息、自力更生脱贫致富的先进事迹和先进典型，用身边人身边事示范带动贫困群众。大力开展移风易俗活动，选树一批文明村镇和星级文明户，推广"星级评比"等做法，引导贫困村修订完善村规民约，发挥村民议事会、道德评议会、红白理事会、禁毒禁赌会等群众组织作用，坚持自治、法治、德治相结合，教育引导贫困群众弘扬传统美德、树立文明新风。加强对高额彩礼、薄养厚葬、子女不赡养老人等问题的专项治理。深入推进文化扶贫工作，提升贫困群众的公共文化服务获得感。把扶贫领域诚信纳入国家信用监管体系，将不履行赡养义务、虚报冒领扶贫资金、严重违反公序良俗等行为人列入失信人员名单。

四、加快补齐贫困地区基础设施短板

（一）加快实施交通扶贫行动

在贫困地区加快建成外通内联、通村畅乡、客车到村、安全便捷的交通运输网络。尽快实现具备条件的乡镇、建制村通硬化路。以示范县为载体，推进贫困地区"四好农村路"建设。扩大农村客运覆盖范围，到 2020 年实现具备条件的建制村通客车目标。加快贫困地区农村公路安全生命防护工程建设，基本完成乡道及以上行政等级公路安全隐患治理。推进窄路基路面农村公路合理加宽改造和危桥改造。改造建设一批贫困乡村旅游路、产业路、资源路，优先改善自然人文、少数民族特色村寨和风情小镇等旅游景点景区交通设施。加大成品油税费改革转移支付用于贫困地区农村公路养护力度。推进国家铁路网、国家高速公路网连接贫困地区项目建设，加快贫困地区普通国省道改造和支线机场、通用机场、内河航道建设。

（二）大力推进水利扶贫行动

加快实施贫困地区农村饮水安全巩固提升工程，落实工程建设和管护责任，强化水源保护和水质保障，因地制宜加强供水工程建设与改造，显著提高农村集中供水率、自来水普及率、供水保证率和水质达标率，到 2020 年全面解决贫困人口饮水安全问题。加快贫困地区大中型灌区续建配套与节水改造、小型农田水利工程建设，实现灌溉水源、灌排骨干工程与田间工程协调配套。切实加强贫困地区防洪工程建设和运行管理。继续推进贫困地区水土保持和水生态建设工程。

（三）大力实施电力和网络扶贫行动

实施贫困地区农网改造升级，加强电力基础设施建设，建立贫困地区电力普遍服务监测评价体系，引导电网企业做好贫困地区农村电力建设管理和供电服务，到 2020 年实现大电网延伸覆盖至全部县城。大力推进贫困地区农村可再生能源开发利用。

深入实施网络扶贫行动，统筹推进网络覆盖、农村电商、网络扶智、信息服务、网络公益 5 大工程向纵深发展，创新"互联网＋"扶贫模式。完善电信普遍服务补偿机制，引导基础电信企业加大投资力度，实现 90％以上贫困村宽带网络覆盖。鼓励基础电信企业针对贫困地区和贫困群众推出资费优惠举措，鼓励企业开发有助精准脱贫的移动应用软件、智能终端。

（四）大力推进贫困地区农村人居环境整治

开展贫困地区农村人居环境整治三年行动，因地制宜确定贫困地区村庄人居环境整治目标，重点推进农村生活垃圾治理、卫生厕所改造。开展贫困地区农村生活垃圾治理专项行动，有条件的地方探索建立村庄保洁制度。因地制宜普及不同类型的卫生厕所，同步开展厕所粪污治理。有条件的地方逐步开展生活污水治理。加快推进通村组道路建设，基本解决村内道路泥泞、村民出行不便等问题。

五、加强精准脱贫攻坚行动支撑保障

（一）强化财政投入保障

坚持增加政府扶贫投入与提高资金使用效益并重，健全与脱贫攻坚任务相适应的投入保障机制，支持贫困地区围绕现行脱贫目标，尽快补齐脱贫攻坚短板。加大财政专项扶贫资金和教育、医疗保障等转移支付支持力度。规范扶贫领域融资，增强扶贫投入能力，疏堵并举防范化解扶贫领域融资风险。进一步加强资金整合，赋予贫困县更充分的资源配置权，确保整合资金围绕脱贫攻坚项目精准使用，提高使用效率和效益。全面加强各类扶贫资金项目绩效管理，落实资金使用者的绩效主体责任，明确绩效目标，加强执行监控，强化评价结果运用，提高扶贫资金使用效益。建立县级脱贫攻坚项目库，健全公告公示制度。加强扶贫资金项目常态化监管，强化主管部门监管责任，确保扶贫资金尤其是到户到人的资金落到实处。

（二）加大金融扶贫支持力度

加强扶贫再贷款使用管理，优化运用扶贫再贷款发放贷款定价机制，引导金融机构合理合规增加对带动贫困户就业的企业和贫困户生产经营的信贷投放。加强金融精准扶贫服务。支持国家开发银行和中国农业发展银行进一步发挥好扶贫金融事业部的作用，支持中国农业银行、中国邮政储蓄银行、农村信用社、村镇银行等金融机构增加扶贫信贷投放，推动大中型商业银行完善普惠金融事业部体制机制。创新产业扶贫信贷产品和模式，建立健全金融支持产业发展与带动贫困户脱贫的挂钩机制和扶持政策。规范扶贫小额信贷发放，在风险可控前提下可办理无还本续贷业务，对确因非主观因素不能到期偿还贷款的贫困户可协助其办理贷款展期业务。加强扶贫信贷风险防范，支持贫困地区完善风险补偿机制。推进贫困地区信用体系建设。支持贫困地区金融服务站建设，推广电子支付方式，逐步实现基础金融服务不出村。支持贫困地区开发特色农业险种，开展扶贫小额贷款保证保险等业务，探索发展价格保险、产值保险、"保险＋期货"等新型险种。扩大贫困地区涉农保险保障范围，开发物流仓储、设施农业、"互联网＋"等险种。鼓励上市公司、证券公司等市场主体依法依规设立或参与市场化运作的贫困地区产业投资基金和扶贫公益基金。贫困地区企业首次公开发行股票、在全国中小企业股份转让系统挂牌、发行公司债券等按规定实行"绿色通道"政策。

（三）加强土地政策支持

支持贫困地区编制村级土地利用规划，挖掘土地优化利用脱贫的潜力。贫困地区建设用地符合土地利用总体规划修改条件的，按规定及时审查批复。新增建设用地计划、增减挂钩节余指标调剂计划、工矿废弃地复垦利用计划向贫困地区倾斜。脱贫攻坚期内，国家每年对集中连片特困地区、国家扶贫开发工作重点县专项安排一定数量新增建设用地计划。贫困地区建设用地增减挂钩节余指标和工矿废弃地复垦利用节余指标，允许在省域内调剂使用。建立土地整治和高标准农田建设等新增耕地指标跨省域调剂机制。贫困地区符合条件的补充和改造耕地项目，优先用于跨省域补充耕地国家统筹，所得收益通过支出预算用于支持脱贫攻坚。优先安排贫困地区土地整治项目和高标准农田建设补助资金，指导和督促贫困地区完善县级土地整治规划。

（四）实施人才和科技扶贫计划

深入实施边远贫困地区、边疆民族地区、革命老区人才支持计划，扩大急需紧缺专业技术人才选派培养规模。贫困地区在县乡公务员考试录用中，从大学生村官、"三支一扶"等人员中定向招录公务员，从贫困地区优秀村干部中招录乡镇公务员。

动员全社会科技力量投入脱贫攻坚主战场，开展科技精准帮扶行动。以县为单位建立产业扶贫技术专家组，各类涉农院校和科研院所组建产业扶贫技术团队，重点为贫困村、贫困户提供技术服务。支持有条件的贫困县建设农业科技园和星创天地等载体，展示和推广农业先进科技成果。在贫困地区全面实施农技推广特聘计划，从农村乡土专家、种养能手等一线服务人员招聘一批特聘农技员，由县级政府聘为贫困村科技扶贫带头人。加强贫困村创业致富带头人培育培养，提升创业项目带贫减贫效果。建立科技特派员与贫困村结对服务关系，实现科技特派员对贫困村科技服务和创业带动全覆盖。

六、动员全社会力量参与脱贫攻坚

(一) 加大东西部扶贫协作和对口支援力度

把人才支持、市场对接、劳务协作、资金支持等作为协作重点，深化东西部扶贫协作，推进携手奔小康行动贫困县全覆盖，并向贫困村延伸。强化东西部扶贫协作责任落实，加强组织协调、工作指导和督导检查，建立扶贫协作台账制度，每年对账考核。优化结对协作关系，实化细化县之间、乡镇之间、行政村之间结对帮扶措施，推广"闽宁示范村"模式。突出产业帮扶，鼓励合作建设承接产业转移的基地，引导企业精准结对帮扶。突出劳务协作，有组织地开展人岗对接，提高协作规模和质量。突出人才支援，加大力度推进干部双向挂职、人才双向交流，提高干部人才支持和培训培养精准性。突出资金支持，切实加强资金监管，确保东西部扶贫协作资金精准使用。将帮扶贫困残疾人脱贫纳入东西部扶贫协作范围。

实施好"十三五"对口支援新疆、西藏和四省藏区经济社会发展规划，严格落实中央确定的80%以上资金用于保障和改善民生、用于县及县以下基层的要求，进一步聚焦脱贫攻坚的重点和难点，确保更多资金、项目和工作精力投向贫困人口。

(二) 深入开展定点扶贫工作

落实定点扶贫工作责任，把定点扶贫县脱贫工作纳入本单位工作重点，加强工作力量，出台具体帮扶措施。定点扶贫单位主要负责同志要承担第一责任人职责，定期研究帮扶工作。强化定点扶贫牵头单位责任。加强对定点扶贫县脱贫攻坚工作指导，督促落实脱贫主体责任。把定点扶贫县作为转变作风、调查研究的基地，通过解剖麻雀，总结定点扶贫县脱贫经验，完善本部门扶贫政策，推动脱贫攻坚工作。选派优秀中青年干部、后备干部到贫困地区挂职，落实艰苦地区挂职干部生活补助政策。

(三) 扎实做好军队帮扶工作

加强军地脱贫攻坚工作协调，驻地部队要积极承担帮扶任务，参与扶贫行动，广泛开展扶贫济困活动。接续做好"八一爱民学校"援建工作，组织开展多种形式的结对助学活动。组织军队系统医院对口帮扶贫困县县级医院，深入贫困村送医送药、巡诊治病。帮助革命老区加强红色资源开发，培育壮大红色旅游产业，带动贫困人口脱贫。帮助培育退役军人和民兵预备役人员脱贫致富带头人。

（四）激励各类企业、社会组织扶贫

落实国有企业精准扶贫责任，通过发展产业、对接市场、安置就业等多种方式帮助贫困户脱贫。深入推进"万企帮万村"精准扶贫行动，引导民营企业积极开展产业扶贫、就业扶贫、公益扶贫，鼓励有条件的大型民营企业通过设立扶贫产业投资基金等方式参与脱贫攻坚。持续开展"光彩行"活动，提高精准扶贫成效。

支持社会组织参与脱贫攻坚，加快建立社会组织帮扶项目与贫困地区需求信息对接机制，确保贫困人口发展需求与社会帮扶有效对接。鼓励引导社会各界使用贫困地区产品和服务，推动贫困地区和贫困户融入大市场。实施全国性社会组织参与"三区三州"深度贫困地区脱贫攻坚行动。实施社会工作"专业人才服务三区计划"、"服务机构牵手计划"、"教育对口扶贫计划"，为贫困人口提供生计发展、能力提升、心理支持等专业服务。加强对社会组织扶贫的引导和管理，优化环境、整合力量、创新方式，提高扶贫效能。落实社会扶贫资金所得税税前扣除政策。

（五）大力开展扶贫志愿服务活动

动员组织各类志愿服务团队、社会各界爱心人士开展扶贫志愿服务。实施社会工作专业人才服务贫困地区系列行动计划，支持引导专业社会工作和志愿服务力量积极参与精准扶贫。推进扶贫志愿服务制度化，建立扶贫志愿服务人员库，鼓励国家机关、企事业单位、人民团体、社会组织等组建常态化、专业化服务团队。制定落实扶贫志愿服务支持政策。

七、夯实精准扶贫精准脱贫基础性工作

（一）强化扶贫信息的精准和共享

进一步加强建档立卡工作，提高精准识别质量，完善动态管理机制，做到"脱贫即出、返贫即入"。剔除不合条件的人口，及时纳入符合条件但遗漏在外的贫困人口和返贫人口，确保应扶尽扶。抓紧完善扶贫开发大数据平台，通过端口对接、数据交换等方式，实现户籍、教育、健康、就业、社会保险、住房、银行、农村低保、残疾人等信息与贫困人口建档立卡信息有效对接。完善贫困人口统计监测体系，为脱贫攻坚提供科学依据。加强贫困人口建档立卡数据和农村贫困统计监测数据衔接，逐步形成指标统一、项目规范的贫困监测体系。强化扶贫开发大数据平台共享使用，拓展扶贫数据系统服务功能，为脱贫攻坚决策和工作指导等提供可靠手段和支撑。建立脱贫成效巩固提升监测机

制，对脱贫户实施跟踪和动态监测，及时了解其生产生活情况。按照国家信息安全标准构建扶贫开发信息安全防护体系，确保系统和数据安全。开展建档立卡专项评估检查。

（二）健全贫困退出机制

严格执行贫困退出标准和程序，规范贫困县、贫困村、贫困人口退出组织实施工作。指导地方修订完善扶贫工作考核评估指标和贫困县验收指标，对超出"两不愁三保障"标准的指标，予以剔除或不作为硬性指标，取消行业部门与扶贫无关的搭车任务。改进贫困县退出专项评估检查，由各省（自治区、直辖市）统一组织，因地制宜制定符合贫困地区实际的检查方案，并对退出贫困县的质量负责。中央结合脱贫攻坚督查巡查工作，对贫困县退出进行抽查。脱贫攻坚期内扶贫政策保持稳定，贫困县、贫困村、贫困户退出后，相关政策保持一段时间。

（三）开展国家脱贫攻坚普查

2020 年至 2021 年年初对脱贫摘帽县进行一次普查，全面了解贫困人口脱贫实现情况。普查工作由国务院统一部署实施，重点围绕脱贫结果的真实性和准确性，调查贫困人口"两不愁三保障"实现情况、获得帮扶情况、贫困人口参与脱贫攻坚项目情况等。地方各级党委和政府要认真配合做好普查工作。

八、加强和改善党对脱贫攻坚工作的领导

（一）进一步落实脱贫攻坚责任制

强化中央统筹、省负总责、市县抓落实的工作机制。中央统筹，重在做好顶层设计，在政策、资金等方面为地方创造条件，加强脱贫效果监管；省负总责，重在把党中央大政方针转化为实施方案，加强指导和督导，促进工作落实；市县抓落实，重在从当地实际出发推动脱贫攻坚各项政策措施落地生根。各级党委和政府要把打赢脱贫攻坚战作为重大政治任务，增强政治担当、责任担当和行动自觉，层层传导压力，建立落实台账，压实脱贫责任，加大问责问效力度。健全脱贫攻坚工作机制，脱贫攻坚任务重的省（自治区、直辖市）党委和政府每季度至少专题研究一次脱贫攻坚工作，贫困县党委和政府每月至少专题研究一次脱贫攻坚工作。贫困县党政正职每个月至少要有 5 个工作日用于扶贫。实施五级书记遍访贫困对象行动，省（自治区、直辖市）党委书记遍访贫困县，市（地、州、盟）党委书记遍访脱贫攻坚任务重的乡镇，县（市、区、旗）党委书记遍访贫困村，乡镇党委书记和村党组织书记遍访贫困户。以

遍访贫困对象行动带头转变作风，接地气、查实情，了解贫困群体实际需求，掌握第一手资料，发现突出矛盾，解决突出问题。

（二）压实中央部门扶贫责任

党中央、国务院各相关部门单位要按照中央脱贫攻坚系列重大决策部署要求制定完善配套政策举措，实化细化三年行动方案，并抓好组织实施工作。国务院扶贫开发领导小组要分解落实各地区脱贫目标任务，实化细化脱贫具体举措，分解到年、落实到人。国务院扶贫开发领导小组成员单位每年向中央报告本部门本单位脱贫攻坚工作情况。脱贫攻坚期内，国务院扶贫开发领导小组成员以及部门扶贫干部、定点扶贫干部要按政策规定保持稳定，不能胜任的要及时调整。

（三）完善脱贫攻坚考核监督评估机制

进一步完善扶贫考核评估工作，充分体现省负总责原则，切实解决基层疲于迎评迎检问题。改进对省级党委和政府扶贫开发工作成效第三方评估方式，缩小范围，简化程序，精简内容，重点评估"两不愁三保障"实现情况，提高考核评估质量和水平。改进省市两级对县及县以下扶贫工作考核，原则上每年对县的考核不超过 2 次，加强对县委书记的工作考核，注重发挥考核的正向激励作用。未经省里批准，市级以下不得开展第三方评估。改进约谈省级领导的方式，开展常态化约谈，随时发现问题随时约谈。完善监督机制，国务院扶贫开发领导小组每年组织脱贫攻坚督查巡查，纪检监察机关和审计、扶贫等部门按照职能开展监督工作。充分发挥人大、政协、民主党派监督作用。

（四）建强贫困村党组织

深入推进抓党建促脱贫攻坚，全面强化贫困地区农村基层党组织领导核心地位，切实提升贫困村党组织的组织力。防止封建家族势力、地方黑恶势力、违法违规宗教活动侵蚀基层政权，干扰破坏村务。大力整顿贫困村软弱涣散党组织，以县为单位组织摸排，逐村分析研判，坚决撤换不胜任、不合格、不尽职的村党组织书记。重点从外出务工经商创业人员、大学生村官、本村致富能手中选配，本村没有合适人员的，从县乡机关公职人员中派任。建立健全回引本土大学生、高校培养培训、县乡统筹招聘机制，为每个贫困村储备 1 至 2 名后备干部。加大在贫困村青年农民、外出务工青年中发展党员力度。支持党员创办领办脱贫致富项目，完善贫困村党员结对帮扶机制。全面落实贫困村"两委"联席会议、"四议两公开"和村务监督等工作制度。派强用好第一书记和驻村工作队，从县以上党政机关选派过硬的优秀干部参加驻村帮扶。加强考核和工作指导，对不适应的及时召回调整。派出单位要严格落实项目、资金、责任捆绑要求，加大保障支持力度。强化贫困地区农村基层党建工作责任落实，将抓党建促脱贫攻坚情况作为县乡党委书记抓基层党建工作述职评议考核的重点内容。对不够重视贫困村党组织建设、措施不力的地方，上级党组织要及时约谈提醒相关责任人，后果严重的要问责追责。

（五）培养锻炼过硬的脱贫攻坚干部队伍

保持贫困县党政正职稳定，确需调整的，必须符合中央规定，对于不能胜任的要及时撤换，对于弄虚作假的要坚决问责。实施全国脱贫攻坚全面培训，落实分级培训责任，保证贫困地区主要负责同志和扶贫系统干部轮训一遍。对县级以上领导干部，重点是通过培训提高思想认识，引导树立正确政绩观，掌握精准脱贫方法论，提升研究攻坚问题、解决攻坚难题能力。对基层干部，重点是通过采取案例教学、现场教学等实战培训方法，提高实战能力，增强精准扶贫工作本领。加大对贫困村干部培训力度，每年对村党组织书记集中轮训一次，突出需求导向和实战化训练，着重提高落实党的扶贫政策、团结带领贫困群众脱贫致富的本领。加强对扶贫挂职干部跟踪管理和具体指导，采取"挂包结合"等方式，落实保障支持措施，激励干部人在心在、履职尽责。加强对脱贫一线干部的关爱激励，注重在脱贫攻坚一线考察识别干部，对如期完成任务且表现突出的贫困县党政正职应予以重用，对在脱贫攻坚中工作出色、表现优秀的扶贫干部、基层干部注重提拔使用。对奋战在脱贫攻坚一线的县乡干部要落实好津补贴、周转房等政策，改善工作条件。对在脱贫攻坚中因公牺牲的干部和基层党员的家属及时给予抚恤，长期帮扶慰问。全面落实贫困村干部报酬待遇和正常离任村干部生活补贴。

（六）营造良好舆论氛围

深入宣传习近平总书记关于扶贫工作的重要论述，宣传党中央关于精准扶贫精准脱贫的重大决策部署，宣传脱贫攻坚典型经验，宣传脱贫攻坚取得的伟大成就，为打赢脱贫攻坚战注入强大精神动力。组织广播电视、报纸杂志等媒体推出一批脱贫攻坚重点新闻报道。积极利用网站、微博、微信、移动客户端等新媒体平台开展宣传推广。推出一批反映扶贫脱贫感人事迹的优秀文艺作品，加大扶贫题材文化产品和服务的供给。继续开展全国脱贫攻坚奖和全国脱贫攻坚模范评选表彰，选树脱贫攻坚先进典型。按程序设立脱贫攻坚组织创新奖，鼓励各地从实际出发开展脱贫攻坚工作创新。每年组织报告团，分区域巡回宣讲脱贫先进典型。讲好中国脱贫攻坚故事，反映中国为全球减贫事业作出的重大贡献。加强减贫领域国际交流与合作，帮助受援国建好国际扶贫示范村，为全球减贫事业贡献中国方案。适时对脱贫攻坚精神进行总结。

（七）开展扶贫领域腐败和作风问题专项治理

把作风建设贯穿脱贫攻坚全过程，集中力量解决扶贫领域"四个意识"不强、责任落实不到位、工作措施不精准、资金管理使用不规范、工作作风不扎实、考核评估不严不实等突出问题，确保取得明显成效。改进调查研究，深入基层、深入群众，多层次、多方位、多渠道调查了解实际情况，注重发现并解决问题，力戒"走过场"。注重工作实效，减轻基层工作负担，减少村级填表报数，精简会议文件，让基层干部把精力放在办实事上。严格扶贫资金审计，加强扶贫事务公开。严肃查处贪污挪用、截留私分、虚报冒领、强占掠夺等行为。依纪依法坚决查处贯彻党中央脱贫攻坚决策部署不坚决不到位、弄虚作假问题，主体责任、监督责任和职能部门监管职责不落实问题，坚决纠正脱贫攻坚工作中的形式主义、官僚主义。把扶贫领域腐败和作风问题作为巡视巡察工作重点。中央巡视机构组织开展扶贫领域专项巡视。加强警示教育工作，集中曝光各级纪检监察机关查处的扶贫领域典型案例。

（八）做好脱贫攻坚风险防范工作

防范产业扶贫市场风险，防止产业项目盲目跟风、一刀切导致失败造成损失，各地要对扶贫主导产业面临的技术和市场等风险进行评估，制定防范和处置风险的应对措施。防范扶贫小额贷款还贷风险，纠正户贷企用、违规用款等问题。防范加重地方政府债务风险，防止地方政府以脱贫攻坚名义盲目举债，防止金融机构借支持脱贫攻坚名义违法违规提供融资，坚决遏制地方政府隐性债务增量。

（九）统筹衔接脱贫攻坚与乡村振兴

脱贫攻坚期内，贫困地区乡村振兴主要任务是脱贫攻坚。乡村振兴相关支持政策要优先向贫困地区倾斜，补齐基础设施和基本公共服务短板，以乡村振兴巩固脱贫成果。抓紧研究制定2020年后减贫战略。研究推进扶贫开发立法。

阿尔弗雷德·马歇尔，2009. 经济学原理［M］. 彭逸林等译，北京：人民日报出版社.

阿玛蒂亚·森，2001. 贫困与饥荒——论权力与剥夺［M］. 王宇，王文玉，译. 北京：商务印书馆，10.

蔡辰梅，刘刚，2011. 论教育放弃与教育公平——教育公平问题的微观研究［J］. 中国教育学刊（3）：26-29.

蔡昉，张车伟，王德文，等，2003. 中国人口与劳动问题报告 No.4 ［M］. 北京：社会科学文献出版社.

曹亮，王书飞，徐万枝，2012. 中间品进口能提高企业全要素生产率吗——基于倾向评分匹配的经验分析［J］. 宏观经济研究（8）：48-53.

晁国庆，2005. 当前农村宗教盛行的原因［J］. 广西社会科学（5）：176-178.

陈岱云，陈希，2016. 城市贫困人口的人口学特征及其防贫研究——基于山东省三个城市的调查［J］. 清华大学学报（哲学社会科学版）（6）：183-191.

陈凡，杨越，2003. 中国扶贫资金投入对减缓贫困的作用［J］. 农业技术经济（6）：1-5.

陈方，2003. "母亲水窖"项目的经济和社会效益研究［J］. 河海大学学报（1）：3-7.

陈果，顾朝林，吴缚龙，2004. 南京城市贫困空间调查与分析［J］. 地理科学，24（10）：542-548.

陈立中，张建华，2006. 中国城镇主观贫困线测度［J］. 财经科学（9）：76-81.

陈云，2016. 拓展选择主义：城市贫困救助目标的再定位［J］. 西北人口（4）：96-100.

陈宗胜，沈扬扬，周云波，2013. 中国农村贫困状况的绝对与相对变动——兼论相对贫困线的设定［J］.（1）：67-75.

代兰海，薛东前，宋永永，等，2019. 西安新城市贫困空间固化及其治理研究——基于空间正义视角［J］. 人文地理（2）：72-78.

邓国胜，2003. "母亲水窖"工程与妇联的组织能力建设［J］. 妇女研究论丛（3）：23-27.

董焰，樊桦，2004. 中国的交通基础设施、增长与减贫［R］. 上海会议：大规模增进减贫成效，2-21.

都阳，蔡昉，2005. 中国农村贫困性质的变化与扶贫战略调整［J］. 中国农村观察（5）：2-9.

杜景珍，2004. 当代农村基督教信仰调查［J］. 中国宗教（1）：54-55.

樊桦，2004. 中国交通扶贫：回顾与展望［J］. 宏观经济管理（6）：27-31.

樊胜根，张林秀，张晓波，2002. 经济增长、地区差距与贫困——中国农村公共投资研究［M］. 中国农业出版社，118-120.

樊胜根，张林秀，张晓波，2002. 中国农村公共投资在农村经济增长和反贫困中的作用

［J］. 华南农业大学学报：社会科学版，1（1）：1-13.

范晨辉，薛东前，罗正文，2014. 转型期城市贫困演化空间模式研究［J］. 经济地理（8）：8-14.

冯丹萌，陈洁，2019.2020年后我国城市贫困与治理的相关问题［J］. 城市发展研究（11）：102-106.

冯国有，2007. 基于大学生就业的高等教育投资风险［J］. 北京科技大学学报（社会科学版）（3）：131-135.

冯虹，何勤，艾小青，2013. 行业分割视角下的进城务工农民就业歧视量化研究［J］. 经济管理与研究（12）：84-90.

傅熠华，2014. 利用多元线性回归对农民政治参与进行分析预测——基于全国272个村庄3 993份问卷的调查［J］. 国家行政学院学报（2）：54-59.

高功敬，2016. 中国城市贫困家庭生计资本与生计策略［J］. 社会科学（10）：85-98.

高颖，李善同，2006. 基于CGE模型对中国基础设施建设的减贫效应分析［J］. 数量经济技术经济研究，23（6）：14-24.

高云虹，2009. 中国城市贫困问题的制度成因［J］. 经济问题探索（6）：57-62.

龚晓宽，2002. 中国西部地区城市贫困与社会稳定问题探析［J］. 四川大学学报（哲学社会科学版）（1）：5-11.

郭建宇，吴国宝，2012. 基于不同指标及权重选择的多维贫困测量——以山西省贫困县为例［J］. 中国农村经济（2）：12-19.

郭君平，曲颂，杨穗，等，2020. 城镇二元结构下贫困测度、对比及治理研究［J］. 统计与决策（9）：53-57.

郭君平，谭清香，曲颂，2018. 进城务工农民家庭贫困的测量与分析——基于"收入—消费—多维"视角［J］. 中国农村经济（9）：94-108.

郭君平，王春来，张斌，等，2016. 转型期农村妇女政治参与态度与行为逻辑分析——以苏、辽、赣、宁、黔五省（区）为例证［J］. 中国农村观察（3）：27-40.

郭于华，2000. 仪式与社会变迁［M］. 北京：社会科学文献出版社.

郭宇畅，谷明远，2018. 我国城市贫困现状、形成路径及应对举措［J］. 经济研究参考（10）：23-27.

国务院扶贫办，2003. 中国农村扶贫开发概要［M］. 北京：中国财政经济出版社.

洪朝辉. 洪朝辉，2003. 论中国城市社会权利的贫困［J］. 社会学（7）：12-16.

侯力，2007. 从"城乡二元结构"到"城镇二元结构"及其影响［J］. 人口学刊（2）：32-36.

胡鞍钢，李春波. 新世纪的新贫困：知识贫困［J］. 中国社会科学，2001（3）：9-12.

胡荣，2005. 经济发展与竞争性的村委会选举［J］. 社会（3）：27-47.

黄景灏，张绍江，2006. 农村家庭教育投资成本收益分析——基于解决进城务工农民问题视角［J］. 全国商情（10）：123-125.

江华，2002.7 158万扶贫款哪里去了？——对贵州省习水县1994—1998年扶贫款流向的调查［J］. 中国改革（农村版）（16）：34-35.

姜爱华，2008. 我国开发式扶贫资金投放效果实证分析 [J]. 中央财经大学学报（2）：13-18.

金泽，邱永辉，2008. 中国宗教报告（2008）[M]. 北京：社会科学文献出版社.

鞠晴江，2006. 道路基础设施、经济增长和减贫——基于四川的实证分析 [J]. 软科学，20（6）：52-55.

卡尔·马克思，2006. 资本论 [M]. 北京：人民日报出版社：420-421.

乐君杰，叶晗，2012. 农民信仰宗教是价值需求还是工具需求？——基于 CHIPs 数据的实证检验 [J]. 管理世界（11）：67-76.

李春玲，2003. 社会政治变迁与教育机会不平等 [J]. 中国社会科学（3）：89.

李怀玉，2014. 进城务工农民贫困代际传承问题研究 [M]. 北京：社会科学文献出版社.

李普亮，贾卫丽，2010. 农村家庭子女教育投资的实证分析——以广东省为例 [J]. 中国农村观察（3）：73-85.

李锐，2003. 农村公共基础设施投资效益的数量分析 [J]. 农业技术经济（2）：5-9.

李胜文，闫俊强，2011. 农村基础设施及其空间溢出效应对农村经济增长的影响 [J]. 华中农业大学学报：社会科学版（4）：10-14.

李实，古斯塔夫森，1996. 八十年代末中国贫困规模和程度的估计 [J]. 中国社会科学（6）：29-44.

李实，John Knight，2002. 中国城市中的三种贫困类型 [J]. 经济研究（10）：23-26.

李文，汪三贵，2004. 中央扶贫资金的分配及影响因素分析 [J]. 中国农村经济（8）：44-48.

李文，2008. 运用匹配法对农村道路建设减贫效果的评估 [J]. 农业经济问题（8）：34-39.

李霞，韩保江，2012. 我国城乡双重贫困的表现、原因与对策 [J]. 宁夏社会科学（5）：53-59.

李翔，2014. 城市二元结构：困局与破局 [J]. 理论与改革（4）：69-72.

李小云，唐丽霞，许汉泽，2015. 论我国的扶贫治理：基于扶贫资源瞄准和传递的分析 [J]. 吉林大学社会科学学报（4）：90-97.

李智文，任爱国，2010. 倾向评分配比法 [J]. 中国生育健康杂志（2）：121-123.

梁汉媚，方创琳，2011. 中国城市贫困人口动态变化与空间分异特征探讨 [J]. 经济地理（10）：1610-1616.

林毅夫，1988. 小农与经济理性 [J]. 农村经济与社会（3）：8-14.

蔺兴遥，周晶，2009. 甘肃省"母亲水窖"水质状况调查与对策分析 [J]. 中国卫生检验杂志（11）：2705.

刘冬梅，2001. 中国政府开发式扶贫资金投放效果的实证研究 [J]. 管理世界（6）：123-131.

刘生龙，胡鞍钢，2010. 交通基础设施与经济增长：中国区域差距的视角 [J]. 中国工业经济（4）：14-23.

刘守义，李凤云，刘佳君，2008. 农村家庭教育投资目的与期望的研究 [J]. 教育与职业

(7)：26-27.

刘铮，曹苑达，2015. 城镇化进程中新增城镇贫困人口问题研究——以上海郊区为例 [J].
毛泽东邓小平理论研究 (2)：40-44.

卢春天，朱晓文，2016. 城乡地理空间距离对农村青年参与公共事务的影响——媒介和社
会网络的多重中介效应研究 [J]. 新闻与传播研究 (1)：41-55.

罗少郁，2007. 部分农村家庭选择教育放弃的理性分析 [J]. 科技情报开发与经济，17
(23)：118-119.

马春辉，2005. 中国城镇居民贫困化问题研究 [J]. 经济学家 (3)：75-82.

马克斯·韦伯，1997. 经济与社会 (上卷) [M]. 林荣远译，北京：商务印书馆.

马克斯·韦伯，2009. 新教伦理与资本主义精神 [M]. 赵勇译，西安：陕西人民出版社.

马清裕，等，1999. 北京城市贫困人口特征、成因及其解困对策 [J]. 地理研究，18 (4)：
400-406.

马致平，2011. 贫困县窘境：理想与现实的纠结 [J]. 人民论坛 (12)：22-23.

毛圆圆，李白，2010. 农村交通基础设施投资对农民收入影响的区域比较——基于中国 30
个省区 1999—2008 年的面板数据分析 [J]. 湖南农业大学学报：社会科学版 (12)：
29-34.

梅建明，秦颖，2005. 中国城市贫困与反贫困问题研究述评 [J]. 中国人口科学 (1)：
88-94.

孟庆涛，2015. 权利的制度供给与民生实践——基于进城务工农民群体权利贫困的分析
[J]. 学术交流 (7)：101-106.

苗苗，2006. 我国城市流动人口的贫困问题和对策 [J]. 统计与决策 (17)：41-42.

潘竟虎，贾文晶，2014. 中国国家级贫困县经济差异的空间计量分析 [J]. 中国人口·资源
与环境 (5)：153-159.

彭代彦，2002. 农村基础设施投资与农业解困 [J]. 经济学家 (5)：79-82.

阮荣平，郑风田，刘力，2011. 宗教信仰、宗教参与与主观福利：信教会幸福吗？ [J]. 中
国农村观察 (4)：74-84.

塞缪乐·皮·亨廷顿，琼·纳尔逊，1989. 难以抉择——发展中国家的政治参与 [M]. 汪
晓寿，等，译. 北京：华夏出版社.

邵敏，包群，2011. 出口企业转型与企业的经营表现 [J]. 统计研究 (10)：77-83.

邵敏，2012. 出口贸易是否促进了我国劳动生产率的持续增长——基于工业企业微观数据
的实证检验 [J]. 数量经济技术经济研究 (2)：51-66.

单德朋，2019. 金融素养与城市贫困 [J]. 中国工业经济 (4)：136-153.

世界银行，2004.2004 年世界发展报告：让服务惠及穷人 [M]. 北京：中国财政经济出版
社，2-3.

帅传敏，梁尚昆，刘松，2008. 国家扶贫重点县投入绩效的实证分析 [J]. 经济问题 (6)：
84-86.

宋胜菊，刘学华，2006. 基金会内部控制分析与评价——以"大地之爱·母亲水窖"项目
内部控制分析与评价为例 [J]. 妇女研究论丛 (1)：44-50.

孙咏梅，傅成昱，2016. 中国进城务工农民多维物质贫困测度及精准扶贫策略研究 [J]. 学习与探索（7）：138-143.

田丰，2010. 城市工人与进城务工农民的收入差距研究 [J]. 社会学研究（2）：87-105.

涂德志，2004. 中国目前的城镇反贫困与第一供给的优化 [J]. 经济经纬（4）：66-68.

汪三贵，Park A，Shubham Chaudhuri，等，2007. 中国新时期农村扶贫与村级贫困瞄准 [J]. 管理世界（1）：56-64.

汪三贵，2008. 在发展中战胜贫困——对中国30年大规模减贫经验的总结与评价 [J]. 管理世界（11）：78-87.

王冰冰，2010. 经济增长与收入分配减贫作用的动态比较研究 [J]. 商业时代（22）：4-5.

王朝明，马文武，2014. 中国城镇化进程中的贫困问题：按要素分解分析 [J]. 中国人口·资源与环境（10）：94-102.

王春超，叶琴，2014. 中国进城务工农民多维贫困的演进——基于收入与教育维度的考察 [J]. 经济研究（12）：159-173.

王宏刚，2005. 上海农村城市化过程中的宗教问题研究 [J]. 世界宗教研究（4）：12.

王错，2018. 中国城市贫困现象的实证研究 [J]. 重庆社会科学（11）：61-76.

王美艳，2005. 城市劳动力市场上的就业机会与工资差异——外来劳动力就业与报酬研究 [J]. 中国社会科学（5）：36-46.

王美艳，2014. 进城务工农民的贫困状况与影响因素——兼与城市居民比较 [J]. 宏观经济研究（9）：3-16.

王宁，魏后凯，苏红键，2016. 对新时期中国城市贫困标准的思考 [J]. 江淮论坛（4）：32-39.

王萍萍，徐鑫，郝彦宏，2015. 中国农村贫困标准问题研究 [J]. 调研世界（8）：3-8.

王香丽，2005. 社会分层对高等教育入学机会的影响 [J]. 江苏高教（3）：47.

王小林，S. Alkire，2009. 中国多维贫困测量：估计和政策含义 [J]. 中国农村经济（12）：4-10.

王小林，2012. 贫困标准及全球贫困状况 [J]. 经济研究参考（55）：41-50.

魏德东，2005. 从经济学角度看宗教 [J]. 世界宗教文化（1）：1-4.

魏德东，2010. 宗教社会学的范式转换及其影响 [J]. 中国人民大学学报（3）：61-68.

魏万青，2012. 户籍制度改革对流动人口收入的影响研究 [J]. 社会学研究（1）：152-170.

吴国宝，刘建进，李静，等，2010. "母亲水窖"项目实施10年效果评估报告 [R]. 北京：中国社会科学院农村发展研究所.

吴国宝，2006. 农村公路基础设施对减缓贫困的影响研究 [M]. 北京：社会科学文献出版社.

吴国宝，2011. 准入和退出：如何决定贫困县去留 [J]. 人民论坛（12）：30-31.

武向荣，2009. 中国进城务工农民人力资本收益率研究 [J]. 青年研究（4）：34-46.

西蒙·库滋涅茨，1985. 各国经济的增长 [M]. 常勋，译. 北京：商务印书馆：170.

鲜祖德，王萍萍，吴伟，2016. 中国农村贫困标准与贫困监测 [J]. 统计研究（9）：3-11.

邢春冰，2008. 进城务工农民与城镇职工的收入差距 [J]. 管理世界 (5)：55 - 64.

熊娜，宋洪玲，2018. 后发展地区城市贫困的人口结构与区位演变研究——以广西为例 [J]. 广西社会科学 (3)：41 - 44.

徐彦平，2014. 国家贫困县政策改革的路径依赖及其破解之道 [J]. 理论导刊 (9)：14 - 16.

亚当·斯密，1983. 国民财富的性质和原因的研究 [M]. 王大力，王亚楠，译. 北京：商务印书馆，17 - 18.

阎文学，1994. 富饶的贫困：掣肘与成因 [M]. 社会科学文献出版社，34.

杨冬民，党兴华，2010. 中国城市贫困问题研究综述与分析 [J]. 经济学动态 (7)：81 - 84.

杨帆，韩传峰，2011. 中国交通基础设施与经济增长的关系实证 [J]. 中国人口·资源与环境，21 (10)：147 - 152.

杨倩倩，陈岱云，2011. 农民社会支持网络的演变与农村宗教热现象研究 [J]. 东岳论丛，32 (3)：101 - 104.

杨云峰，2007. 进城务工农民反精神贫困探析——以社会工作视角 [J]. 社会科学战线 (5)：192 - 197.

姚先国，赖普清，2004. 中国劳资关系的城乡户口差异 [J]. 经济研究 (7)：82 - 90.

叶锐，王守坤，2011. 公路交通基础设施与收入差距的理论与实证分析 [J]. 长安大学学报：社会科学版，13 (4)：36 - 41.

殷红霞，2008. 我国农村家庭教育投资行为研究 [D]. 西北农林科技大学 (5)：14 - 16.

于涛，2019. 中国的经济增长、收入差别变动与城市贫困——基于城市内部二元结构的分析 [J]. 财贸经济 (5)：1 - 11.

袁方，史清华，卓建伟，2014. 进城务工农民福利贫困按功能性活动的变动分解：以上海为例 [J]. 中国软科学 (7)：40 - 59.

袁卫华，2008. 农村贫困家庭教育投资解析 [J]. 统计研究 (6)：110 - 112.

岳希明，李实、王萍萍，等，2007. 透视中国农村贫困 [M]. 北京：经济科学出版社.

臧元峰，2017. 双重转型背景下的城市贫困问题研究 [J]. 现代城市研究 (7)：107 - 113.

张彬斌，2013. 新时期政策扶贫：目标选择和农民增收 [J]. 经济学 (季刊) (3)：959 - 981.

张冰子，贾坤，申广军，2019. 城镇贫困的特征演变 [J]. 统计研究 (2)：11 - 22.

张镝，吴利华，2008. 我国交通基础设施建设与经济增长关系实证研究 [J]. 工业技术经济，27 (8)：87 - 90.

张洪涛，李红昌，2003. 交通运输基础设施和农村扶贫作用 [J]. 技术经济 (8)：28 - 29.

张靖，李敏，2014. 城镇贫困人口社会保障供给测算模型的比较与应用 [J]. 统计与决策 (14)：18 - 21.

张丽荣，刘玲，2011. 我国城镇贫困之新特征及对策 [J]. 东岳论丛，32 (10)：39 - 41.

张培刚，1984. 农业与工业化 (中下合卷) [M]. 武汉：华中工学院出版社，2 - 10.

张同龙，张林秀，2013. 村委会选举中的村民投票行为、投票过程及其决定因素——基于全国 5 省 100 村 2 000 户调查数据的实证研究 [J]. 管理世界 (4)：59 - 68.

张新红，2017. 兰州城市贫困住区空间分异特征及其影响因素 [J]. 中国科学院大学学报 (3)：362 - 370.

张新伟，1999. 扶贫政策低效性与市场化反贫困思路探寻 [J]. 中国农村经济 (2)：52 - 57.

张学良，孙海鸣，2008. 交通基础设施、空间聚集与中国经济增长 [J]. 经济经纬，38 (2)：20 - 23.

张学良，2007. 中国交通基础设施与经济增长的区域比较分析 [J]. 财经研究，33 (8)：51 - 63.

章熙春，范世民，韩莹莹，2017. 我国城市贫困治理评估及创新路径研究 [J]. 华南理工大学学报 (社会科学版)(2)：69 - 76.

赵淑芝，匡星，张树山，等，2005. 基于 TransCAD 的城市公交网络可达性指标及其应用 [J]. 交通运输系统工程与信息，5 (2)：55 - 58.

甄静，郭斌，朱文清，等，2011. 退耕还林项目增收效果评估——基于六省区 3 329 个农户的调查 [J]. 财贸研究 (4)：22 - 28.

郑风田，普冀喆，2011. 以县扶贫模式负面效应探究 [J]. 人民论坛 (12)：32 - 33.

郑风田，阮荣平，刘力，2010. 风险、社会保障和农村宗教信仰 [J]. 经济学 (季刊)，9 (2)：829 - 850.

中国妇女发展基金会，2010. 母亲水窖润泽十年 [J]. 中国妇运 (11)：21 - 25.

中国社会科学院农村发展研究所课题组，2011. 农村政治参与的行为逻辑 [J]. 中国农村观察 (3)：2 - 11.

周亮，沈丹，2017. 中国城市贫困的关键问题及研究进展 [J]. 开发研究 (1)：84 - 88.

周旭霞，2011. 断层：进城务工农民市民化的经济架构——基于杭州新生代农民工的调研 [J]. 中国青年研究 (9)：67 - 71.

朱冬梅，刘桂琼，2014. "新二元结构"下城镇贫困人口的特征、成因及对策研究 [J]. 西北人口 (4)：59 - 62.

朱玲，1990. 公共工程对乡村贫困地区经济增长、就业和社会服务的影响 [J]. 统计研究 (10)：20 - 32.

宗刚，任蓉，程连元，2011. 交通基础设施与经济增长的协整及因果关系分析 [J]. 现代管理科学 (10)：12 - 15.

左停，杨雨鑫，2013. 重塑贫困认知：主观贫困研究框架及其对当前中国反贫困的启示 [J]. 贵州社会科学 (9)：44 - 50.

Abadie, A. and Imbens, G. W, 2006. Large Sample Properties of Matching Estimators for Average Treatment Effects [J]. *Economitrica*，74 (1)：235 - 267.

Agresti, A, 1996. *An Introduction to Categorical Data Analysis* [M]. New York：John Wiley & Sons.

Appleton, S. , J. Knight, L. Song and O. Xia, 2004. Contrasting Paradigms：Segmentation and Competitiveness in the Formation of the Chinese Labour Market [J]. Journal of Chinese Economic and Business Studies (3)：185 - 205.

Aschauer, D. A, 1989. Is Public Expenditure Productive [J]. Journal of Monetary Economics, 23 (2): 117 - 200.

Asian Development Bank (ADB), 2004. Poverty profile of the People's Republic of China [M]. Manila: Asian Development Bank.

Balisacan, A. M. , and E. M. Pernia, 2002. Probing Beneath Cross - National Averages: Poverty, Inequality, and Growth in the Philippines [Z]. Economics and research department work working paper series No. 7, pp: 1 - 20.

Banerjee, A. , Duflo, E. , Qian, N, 2012. On the Road: Access to Transportation Infrastructure and Economic Growth in China [Z]. NBER Working Paper No. 17897, 24 - 33.

Brown, P. H. and Brian, 2009. T. Religion and Subjective Well - being among the Elderly in China [J]. *The Journal of Socio - Economics*, 38: 310 - 319.

Chau, Adam, 2006. Miraculous Response: Doing Popular Religion in Contemporary China [M]. Stanford: Stanford University Press.

Demurger, S, 2001. Infrastructure Development and Economic Growth: An Explanation for Regional Disparities in China? [J]. Journal of Comparative Economics, 29 (1): 95 - 117.

Diego, P, 2006. Can regional policies affect growth and geog - raphy in Europe [J]. World Economy, 21 (6): 757 - 774.

Dollar, D. , and Karry, A, 2002. Growth is Good for the poor [J]. Journal of Economic Growth, 7 (3): 195 - 225.

Du, Y. , Gregory, R. , and X. Meng, 2006. The impact of the guest - worker system on poverty and the well - being of migrant workers in urban China. In Garnaut, R. and Song, L. , (Eds.), The Turning Point In China's Economic Development, Canberra: Asia Pacific Press At the Australian National University.

Gibson, J. , and Rozelle S, 2003. Poverty and Access to Roads in Papua New Guinea [J]. Economic Development &. Cultural Change, 52 (1): 159 - 185.

Goedhart, T. , Halberstadt, V. , Kapteyn, A. and Praag, B. V, 1977. The Poverty Line: Concept and Measurement [J]. *Journal of Human Resources*, 12 (4): 503 - 520.

Grootaert, C. , Calvo, 2002. Socioeconomic impact assessment of rural roads: methodology and questionaires, 37 - 46.

Gruber, J. and Dan, H, 2008. The Church vs. the Mall: What Happens When Religion Faces Increased Secular Competition? *Quarterly Journal of Economics*, 123: 831 - 862.

Gruber, J, 2005. Religious Market Structure, Religious Participation and Outcomes: Is Religion Good For You? NBER Working Paper, No. 11377.

Gustafsson, B. , and Shi, L, 2001. The Anatomy of Rising Earnings Inequality in Urban China [J]. Journal of Comparative Economics, 29 (1): 118 - 135.

Gustafsson, B. , Li, S. and Sato, H, 2004. Can a Subjective Poverty Line Be Applied to China? Assessing Poverty among Urban Residents in 1999 [J]. Journal of International Development, 16: 1089 - 1107.

Hearn, D. , C. Flalbrendt, C. M. Gempesaw Ⅱ and Shuw - Eng Wbb, 1990. An Analysis of Transport Improvements in China's Corn Sector: A Hybrid Spatial Equilibrium Approach [J]. Journal of Transportation Research Forum, 31 (1): 154 - 166.

Heckman, J. J. , Ichimura, H. , Todd, P. E, 1997. Matching as an Econometric Evaluation Estimator: Evidence from Evaluating a Job Training Program [J]. Review of Economic Studies (4): 605 - 654.

Huang, J. K. , and Rozelle, S, 1996. Technological change: Rediscovery of the Engine of Productivity Growth in China' s Rural Economy [J]. Journal of Development Economics, 49 (2): 337 - 369.

Jacoby, H. G, 2000. Access to Markets and the Benefits of Rural Roads [J]. The Economic Journal, 110 (4): 713 - 737.

Johnson, G. D, 2004. 经济发展中的农业、农村、农民问题 [M]. 林毅夫, 赵耀辉, 译. 北京: 商务印书馆, 113 - 239.

Kraay, A, 2006. When is growth pro - poor? Evidence from a panel of countries [J]. Journal of development economics, 80 (1): 198 - 227.

Lehrer, E. L, 2004. Religion as a Determinant of Economic and Demographic Behavior in the United States [J]. *Population and Development Review*, 30 (4): 707 - 726.

Lelkes, O, 2006. Tasting Freedom: Happiness, Religion and Economic Transition [J]. *Journal of Economic Behavior and Organization*, 59: 173 - 194.

Li Shi and Zhao Renwei, 2011. Market Reform and the Widening of the Income Gap [J]. Social Sciences in China, 32 (2): 140 - 158.

Lian, Y. , Z. Su, Y. Gu, 2011. Evaluating the effects of equity incentives using PSM: Evidence from China [J]. Frontiers of Business Research in China (2): 266 - 290.

Lind, D. A. , Marchal, W. G. , & Wathen, S. A, 2002. *Statistical techniques in business and economics* [M]. Irwin: MaGraw - Hill.

Maurer - Fazio, M. , and N. Dinh, 2004. Differential Rewards to, and Contributions of, Education in Urban China' s Segmented Labor Markets [J]. Pacific Economic Review, 9 (3): 173 - 189.

Meng, X, 2000. Labour Market Reform in China [M]. United Kingdom: Cambridge University Press.

Meng, X. , Gregory, R. G. , and Wang, Y, 2005. Poverty, Inequality, and Growth in Urban China, 1986—2000 [J]. Journal of Comparative Economics, 33: 710 - 729.

Park, A. , & S. Wang, 2010. Community - Based Development and Poverty Alleviation: An Evaluation of China' s Poor Village Investment Program [J]. *Journal of Public Economics*, 94 (9): 790 - 799.

Park, A. , S. Wang, & G. Wu, 2002. Regional Poverty Targeting in China [J]. *Journal of Public Economics*, 86 (1): 123 - 153.

Pradhan, M. and Ravallion, 2000. Measuring Poverty - Using Qualitative Perceptions of Consumption Adequacy [J]. *The Review of Economics and Statistics* (3): 462 - 471.

Pragg, B. V. , Goedhart, T. and Kapteyn, A, 1980. The Poverty Line - A pilot Survey in Europe [J]. *The Review of Economics and Statiscs*, 62 (3): 461 - 465.

Raballand, G. , Thornton, R. , Yang, D. , et al, 2011. Are Rural Road Investments Alone Sufficent to Generate Transport Flows? - Lessons from a Randomized Experiment in Rural Malawi and Policy Implications [Z]. world Bank Policy Research Working Paper, 5535: 7 - 19.

Rajeev, D. , DeLeire, T. C. and Luttmer, E, 2007. Insuring Consumption and Happiness through Religious Organizations [J]. *Journal of Public Economics*, 91: 259 - 279.

Roberts, P. , Shyamk, C. , Rastogi, C, 2006. Rural Access Index: A key Development Indicator [Z]. Transport Papers No. 10, Transport Sector Board, The World Bank, 2 - 7.

Rodney, S. and Roger, F, 2000. Acts of Faith: Explaining the Human Side of Religion [M]. Berkeley and Los Angeles: University of California Press.

Rosenbaum, P. , and Rubin, D, 1985. Constructing a Control Group Using Multivariate Matched Sampling Method that Incorporates the Propensity Score [J]. American Statistician (39): 33 - 38.

Rowntree, S. , 1901. Poverty: A Study of Town Life [M]. London: Macmillan.

Smith, J. , and Todd, P, 2005. "Rejoinder" to Dehejia [J]. Journal of Econometrics (125): 365 - 375.

Smith, T. B. , McCullough, M. E. and Justin, P, 2003. Religiousness and Depression: Evidence for a Main Effect and the Moderating Influence of Stressful Life Events [J]. *Psychological Bulletin*, 129 (4): 614 - 636.

Van de Walle, D. , and Cratty, D. , 2002. Impact evaluation of a rural road rehabilitation project [J]. Journal of Applied Econometrics, 2 - 6.

Yang, F. The Red, 2006. Black and Gray Markets of Religion in China [J]. *The Sociological Quarterly*, 47 (1): 93 - 122.

图书在版编目（CIP）数据

城乡贫困与减贫专题研究 / 郭君平，曲颂著 . —北京：中国农业出版社，2023.2
ISBN 978 - 7 - 109 - 30467 - 3

Ⅰ.①城… Ⅱ.①郭… ②曲… Ⅲ.①扶贫－研究－中国 Ⅳ.①F126

中国国家版本馆 CIP 数据核字（2023）第 036951 号

中国农业出版社出版

地址：北京市朝阳区麦子店街 18 号楼
邮编：100125
责任编辑：刘 伟 李 辉
版式设计：王 晨 责任校对：李伊然
印刷：北京中兴印刷有限公司
版次：2023 年 2 月第 1 版
印次：2023 年 2 月北京第 1 次印刷
发行：新华书店北京发行所
开本：700mm×1000mm 1/16
印张：10
字数：190 千字
定价：68.00 元